回顧九十年

福田赳夫

回顧九十年

岩波書店

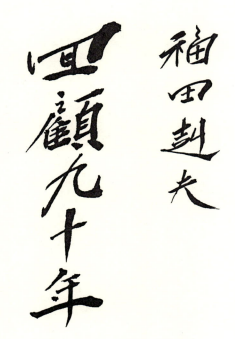

題字　著者自筆

序に代えて

人間は、一人で生きることはできない。一人で生きようとすれば、それは太平洋戦争のあと十八年間も南海の孤島で戦争を続けていた小野田寛郎元陸軍少尉の人生であり、難船して無人島に漂着したロビンソン・クルーソーの人生である。人間はジャングルの中で自給自足せざるを得ない、いわば一動物に過ぎないことになる。

この地球上には、五十数億の人類が生存しているが、一人一人の人間はいずれを見ても、姿、形、頭の働き、全く同じということはない。それぞれに優れたところもあれば、劣るところもある。その長短を互いに分け合い、補い合う、そのような過程を経て、互いに成長し、完成されていく。

国や社会などは、そのために人間が長い時間をかけて育て上げた仕組みである。

要は、人間がこの世で享けたその資質を伸ばしに伸ばし、余力を貯えて、世のため他人のため、社会公共のために奉仕しなければならないということだ。その奉仕の量の多寡が、その人の人生の価値を計る基準の大事な一つである。これが私の人生哲学である。

私はこのような考え方で、私の人生を経過してきた。長い人生の中で、政治家福田赳夫にとってはこうした考え方が「政治は最高の道徳」となり、新党運動や党風刷新運動となった。時には政治の出直し的改革の叫びともなり、経済運営の面では終始「安定成長論」を堅持し、推進する原動力となった。

さらに、国際政治面では「世界の中の日本」や「全方位平和外交」となり、「マイホーム外交からアワーホーム外交への転換」となった。

最近、回顧録的なものを書いたらどうかと私に勧めてくれる人が多くなってきた。特に、私の最も尊敬する友人で前西ドイツ首相のヘルムート・シュミット氏からは数回にわたってお勧めを受けた。

私が先生のような気持ちで付き合っているシュミット氏から勧められると、命令を受けたような気になり、素直にこれに従うこととした。たまたま今年、私は卆寿になったので、これは一つの記念にもなるだろう。

目　次

第三部　戦後政治の軌跡

第一部　地球人類生き残りのために

――ＯＢサミットの貢献――

1　エルベの河畔に集う

ドイツ連邦共和国のドレスデンは、近郊に「マイセン・チャイナ（陶器）」で古くから世界にその名を知られているマイセンをかかえている。原爆こそ落されなかったものの、ドレスデンは第二次大戦末期に「東の広島、西のドレスデン」といわれたほど大規模で破壊的な爆撃を受け、いったんは廃墟と化した。その後も、旧東ドイツの統治下では復興がはかばかしく進まなかった。エルベ河畔の美しい都市だけれど、長い苦難の時代を刻んだ街の建物は一様に黒ずみ、その内部も薄暗く沈んで見える。

一九九四（平成六）年六月七日、私はこのドレスデンの市議会議事堂で開催されたインターアクション・カウンシル（OBサミット）第十二回総会で、名誉議長として幕開けの演説を行った。

まず私は、OBサミットを設立した経緯と私たちが最優先で取り挙げた三つの課題、つまり第一に世界平和と軍縮、第二に世界の人口、地球環境、資源、エネルギー、そして第三に世界経済の活性化、について説明した。改めてOBサミット設立の経緯について述べたのは、スタートから十一年を経て、初めて出席したメンバーたちも少なくなかったからである。

「冷戦体制は崩れ、人類に『対話と協調』という新たな真の世界平和の時代を築く歴史的チャンスが与えられました。ただし、そういう流れの中でも、備蓄された核兵器は依然として存在しており、また北朝鮮の核疑惑が世界の新たな脅威となっています。このような状況下で国際機関、特に国連の役割はいよいよ重要となってまいりました。今日までの世界政治の運営の主軸は東西関係でしたが、これからは東西南北――全世界をにらんだものでなければならないと思います。そのためにも、国連諸機関をさらに強化することが重要です。特に、遅れた南北関係には格別の注意と関心を払うべきものと考えます」。

「議長、ここで私が個人的に長年コミットしてきた問題に言及させて頂きます。それは、人類の存続を左右する人口問題です。世界では毎年約一億人ずつ人口が増加しております。今世紀初めに十六億人だった世界人口は、今世紀末には六十四億人になると推定されております。二〇二〇年には八十億人、二〇五〇年にはさらに百億人にまで増加する、といわれております。

この爆発的に増える人口を、資源に限りある地球はどうやって支えていくのでしょうか。資源、エネルギー、環境と世界人口、これらは、すべて相互に関連している一体の問題であり、なかんずくその対応と処理が重要で困難なのは人口の問題です。この点についての認識はいくら強調しても強調のし過ぎはないと信じます。特に私は、急増する人口と食糧供給の問題を考えなければならないと、思います。

今秋、カイロで国連人口会議が開催されます。この会議が、地球人類生き残りのため、最高の成果をあげることを期待してやみません。この会議に向かって、ここドレスデンの総会でOBサミットが説得力ある提言を行うことを心から望んでおります。国連食糧農業機構（FAO）が人口と食糧の需給について権威ある見通しを立て、対応策を打ち出すよう望みます。

最後に、ここドレスデンは第二次世界大戦で廃墟と化した都市です。戦争の愚かさと苦痛を誰よりも理解している都市の一つだと思います。泥沼化する地域紛争や国内紛争に対するアピールを発信するのにふさわしい都市です。この点でのOBサミットの貢献も期待してやみません。ご清聴ありがとうございました」。

私のスピーチに、皆さんの間から大きな拍手が湧いた。

第十二回総会の主な参加者は、議長のヘルムート・シュミット前西ドイツ首相、元英国首相ジェームズ・キャラハン卿、盧泰愚《ノテウ》前韓国大統領、ピエール・エリオット・トルドー元カナダ首相、マルコム・フレーザー元オーストラリア首相ら、そして特別ゲストとして招かれたヘンリー・キッシンジャー元米国務長官、ロバート・S・マクナマラ元米国防長官らを加えた総勢二十九人であった(1)。

私の開会スピーチを受けて、総会では「世界平和と軍縮」「世界の人口、地球環境、資源、エネルギー」「世界経済の活性化」という三つの最優先議題に加え、「国際機関の役割」「旧社会主義国の市場経済転換の問題点」などをめぐる活発な議論が交わされた。

中でも、世界情勢の不安定要因となっている朝鮮民主主義人民共和国(北朝鮮)の核問題については、極めて積極的な議論が展開された。かねてから「安全保障」に関しては非常に深い関心を持っていた私としては、各国の元首相・大統領が北朝鮮の核問題を憂慮していることを知り、強い味方を得た思いだった。

安全保障上の最も重大な問題は核問題である、と私は考えている。北朝鮮問題に関していえば、基本的には「核の廃絶こそ世界人類共通の願いである」との立場から明確な対応をしなくてはいけない、と思っている。

北朝鮮に対し、われわれは譲れる限界をきっちりと提示し、それが守られない場合は断固とした措置を取ることを知らせなくてはならない。その後、北朝鮮の金日成主席が死去したが、私はこうした基本的な方針は変更する必要はないと思う。

「国際機関の役割」に関しても、真剣な討議が行われた。中でも日本とドイツの国連安全保障理事会の常任理事国入りについては、かなり突っ込んだ議論の応酬が見られた。

この問題はアンドリース・ファン・アフト前オランダ首相を議長とするＯＢサミット

専門家会議の「国際機関の役割」に関する報告書を基に討議が行われた。当初は「国際社会が貢献の拡大を求めているにもかかわらず、日本やドイツに権利や名誉を与えないのは不当である」とするファン・アフト前オランダ首相の発言を支持し、日独両国の常任理事国入りを求めるよう提言しようという空気が強かった。

しかし、最終日の声明文とりまとめの段階でシュミット前首相がドイツの常任理事国入りに強い難色を示したため、具体的な表現は削除された。

国連は第二次世界大戦の終結と同時に戦勝国の立場に立って出来たという歴史的経緯もある。安全保障理事会も当時の戦勝五大国が常任理事国になり、拒否権を持つ体制が今に至るまで続いている。しかし、今日の世界情勢を考えると、五十年前の環境の中で出来た体制が、果たしてこれからの世界に通用し得るかどうか、という問題が存在すると思う。

東西対立はなくなった。これから重要視されてくるのは南北問題であろう。となると、今までの国連という仕組みの中で南北問題に対応できるのか、という懸念が湧いてくる。私は既存の国連を強化、あるいは改善し、さらにグローバルな機関を創設することには賛成するが、その際には南北問題について最大の配慮をしなくてはならないと思う。

四日間もこうした議論を交わした第十二回総会は、二十三項目の声明文を採択して無事終了した。

2　私にとっての九十年間

世界規模の問題というか、これからの地球人類の問題に対応する基本は、やはり私が人生哲学としてきた「共存共栄」、つまり人々が長短を互いに分け合い、補い合うという考え方でなければならない。

私にとっての九十年間は、成長期の二十五年、大蔵省時代の二十年、そして政界四十五年と分けることが出来る。

政界四十五年のうち前半の二十年間における私の関心事は主として政治の刷新と日本経済の再建であったが、続く後半の約二十年間の私の思想と行動の重点は、日本を含む地球人類に置かれるようになった。OBサミットの総会は、私が各国の首相、大統領経験者とこうした地球人類的な諸問題について意見を交わし、現実の政治に貢献する場となっている。

（1） 一九九五年一月現在のOBサミット・メンバー（順不同）

国名	氏名	前・元職
日本	〔名誉議長〕福田赳夫	首相
ドイツ	〔議長〕ヘルムート・シュミット	首相
オランダ	アンドリース・ファン・アフト	首相
フィリピン	コラソン・C・アキノ	大統領
フランス	ヴァレリー・ジスカールデスタン	大統領
フランス	ジャック・シャバンデルマス	首相
オーストラリア	マルコム・フレーザー	首相
ロシア	ミハイル・S・ゴルバチョフ	大統領
シンガポール	リー・クアンユー	首相
コロンビア	ミサエル・パストラナ・ボレロ	大統領
ブラジル	ホゼ・サルネイ	大統領
キプロス	ギオルギ・バシリウー	大統領
ポルトガル	〔副議長〕マリア・デローデス・ピンタシルゴ	首相

アルゼンチン	ラウル・アルフォンシン	大統領
コスタリカ	オスカル・アリアス・サンチェス	大統領
メキシコ	ミゲル・デラマドリ・ウルタド	大統領
スイス	クルト・ファーグラー	大統領
レバノン	セリム・ホス	首相
ポーランド	タデウシ・マゾビエツキ	首相
イスラエル	シモン・ペレス	首相
カナダ	ピエール・エリオット・トルドー	首相
イタリア	ジュリオ・アンドレオッチ	首相
イギリス	ジェームズ・キャラハン卿	首相
アメリカ	ジェラルド・R・フォード	大統領
ザンビア	ケネス・カウンダ	大統領
ナイジェリア	オルセグン・オバサンジョ	国家元首
韓　国	ノ・テ・ウ(盧泰愚)	大統領
スウェーデン	オーラ・ウルステン	首相

（ドイツは旧西ドイツ）

第二部　福田財政の基盤形成

――大蔵省時代――

1　世界恐慌の中での英仏駐在

大蔵省に入る——滞英三年

私はご承知のように群馬県の生まれだが、若かりしころ三年間ほど大蔵省から派遣されてロンドンに滞在したことがあり、当時の経験がその後の私のものの考え方に大きく影響したなあ、とつくづく感じている。

高等文官試験に合格したのは、一九二八（昭和三）年の秋だった。この試験は後の上級試験（現在は国家公務員採用一種試験）と同じで、続いて各省別の面接があった。私は翌二九（昭和四）年に大蔵省の採用試験に合格し、まず大臣官房文書課勤務になった。

大蔵省の面接試験では、一高時代から同期の前尾繁三郎氏ら三人が一緒だった。前尾氏は私より面接の順番が前だったので、私から「大蔵省の各局の名前ぐらいは覚えておいた方がいい」「金解禁のことも聞かれるかもしれん」と話しておいたところ、ずばり当たったらしい。ところが、私の場合、「君の名前は何と読むのか」というたった一言で終り、拍子抜けした思い出がある。

私が配属された大臣官房文書課はいわば省の要《かなめ》の立場で、課長は次官とともに大臣の補佐に当たる。

当時は政友会の田中義一内閣で、蔵相は三土《みつち》忠造氏だった。関東大震災の余燼《よじん》で経済は沈滞していた。そこへ、満州で張作霖爆殺事件(1)が起きた。

政局極めて不安定の時期で、田中義一内閣は七月に総辞職して野党だった民政党の浜口雄幸《おさち》内閣が後を襲い、蔵相は井上準之助氏に代わった。井上蔵相になったのは、私が入省して三ヵ月ほどたってのことだった。

新内閣は直ちに旧平価(一ドル＝二円)による金取り引きの自由化(金解禁)の断行を決定し、井上蔵相はそのため精力的に努力した。補佐役である文書課長の職務も自然、金解禁に集中される。私はその仕事の手伝い的な立場であったが、一国の財政経済政策の一大案件がどのように処理されていくのか、実情を目のあたりにした。

当時の大蔵省は大手町にあり、内務省や農商務省などが立ち並ぶ官庁街の一角を占めていた。門から入っていくと木造、平屋建ての四角い庁舎があり、真ん中が通路でその両側が偉い人のいる本部である。

大臣室、大臣応接室、会議室、政務・事務次官室、参与官室、文書課長室などが固まっていて、文書課長室は大臣室の隣にあった。城で言えば、この辺が本丸である。課長は次官とともに省の要《かなめ》だ。課長が部屋の隅に陣取り、その向かい側に三メートルほど離れてわれわれ学士組が三人座っている。これがスタッフで、大臣の見る書類すべての審査に当たるわけだ。ほかに故事典礼に通じた属官が一人いたけれど、同じ文書課員でも書類の発送をしたり、タイプを打ったりする人たちは本丸の外にいた。

金解禁の狙いは、物価と為替相場の自動調節作用で経済の安定を図ろうとするものだが、金解禁をよしとする議論の中には二種類あった。一つは新平価による解禁、つまり一ドル二円五十銭くらいのところまで下落していた円の実勢に応じたレートにすべしという意見である。もう一つ、旧平価は一ドル二円だったから、金解禁をする機会に円を

大蔵省入省のころ．右端が筆者

そこまで上げたいという主張もあった。

　井上蔵相は後者の方であった。小汀《おばま》利得《としえ》、石橋湛山、高橋亀吉の各氏ら新平価解禁論のジャーナリストたちからは猛反対されたが、浜口雄幸首相・井上準之助蔵相のコンビは「男子の本懐」の意気込みで押し切る体制をとった。

　しかし、円相場を旧平価の水準にまで切り上げるには、物価を下げなければならない。物価が下がれば、自然に円の価値が上がることになる。相当の政策的下落を図らなければならないが、その手段は一に節約、二にも節約しかなかった。いろいろの文書が作られたが、細部の仕上げはことごとく文書課の仕事だった。

一番印象に残っているのは、「国民生活の建て直しと金解禁」という表題のパンフレットが出されたことだ。文書課長はしょっちゅう大臣からベルで呼び出された。井上蔵相が要旨を口述し、それを文書課長がまとめて、またわれわれに口述する。それを文書にしたことで、私は金解禁に当たってはどういう議論があったか、どういう点が問題なのか、がよく頭に入った。

パンフレットは、千倉書房から大量に出版された。四、五十ページのものだったが、「旧平価による金解禁が必要だ」ということが国民の間に浸透して効果はてきめん、旧平価解禁論が国論の大勢を占めるに至った。その証拠には、翌年二月にこの処置について国民の信を問うた第十七回総選挙で、浜口民政党は二七三対一七四の大差で政友会を破る圧勝を遂げている。

旧平価解禁の施策はかくして国民の支持も受け、成功間違いなしとも見られたが、結果的には後で述べるように世界大恐慌と重なり、失敗に終わった。

私は前年の十二月に英仏駐在の内命を受け準備に多忙だったが、一九三〇(昭和五)年の二月半ばにはアメリカ経由ロンドンに向け出発していた。浜口内閣大勝利のニュースを聞いたのは船の中だったけれど、これは井上蔵相の精力的な努力の結晶であると思った。この時、私は政治の運営に当たって、特に一大案件の成功のためには宣伝がいかに大事なものか、その威力を思い知らされた。

アメリカ行きの「コレア丸」船上にて. 左端が筆者

海路五十日の長旅の後、駐在地のロンドンに着いた。先任者の迫水《さこみず》久常、野田卯一両氏がビクトリア駅まで出迎えてくれた。

その夜は上司になる津島寿一財務官邸に伺候《しこう》し、着任の挨拶をしようとしたが、財務官はなかなか出て来られない。女中さんに聞くと、まだまだ時間がかかりそうだとのことなので、風呂を借りることにした。バスタブの中で長々と手足を伸ばしているうちに、無事着任できた安堵《あんど》感から郷里の民謡「草津節」をうなっていた。「お湯の中でもコリャ、花が咲くよ、チョイナ、チョイナ」の歌声が外に漏れたらしい。津島財務官を囲んで何やら協議中の迫水、野田氏らは顔を見合わせて、とんでもない奴が来たなと思われたらしい。

ともあれ、かくて滞英三年。井の中の蛙のようだった私は、初めて大海を知ったのである。

激動する世界情勢——世界不況とファシズムの台頭

一九二九（昭和四）年十月二十四日ニューヨークのウォール街で突発した株価の大暴落は、新興経済大国アメリカの経済に大混乱をもたらす。

アメリカ経済の混乱は、ヨーロッパに波及する。英国は、当時は政治面でも経済面でも、あらゆる面から見て世界の基軸国であった。喬木《きょうぼく》に風強しで、アメリカの大混乱の影響は喬木である英国に最も厳しかった。

英国からの外資の引き揚げが始まる。ロンドン市場は、外資が欠乏する。事態を憂慮した英国政府の首班ジェイムス・S・マクドナルド(労働党党首)はアメリカへ借款交渉に出掛ける。

交渉を成立させたマクドナルド首相が帰国して閣議に諮《はか》ったところ、閣内の党内左派グループは協定に付された失業保険金の支給率引き下げ条項を不満としてこれを承認しない。このため、内閣は総辞職し、労働党はマクドナルド氏を支持する少数労働党議員と蔵相フィリップ・スノーデン氏支持の多数労働党議員とに分裂してしまった。

後継をどうするか。常識からいえば第二党の保守党に政権が移るのが当然だが、保守党の党首ジョージ・W・ボールドウィン氏も了承の上、「この非常の際は、マクドナルド氏の再任が適当だ」ということになり、マクドナルド氏の再任を、第二党の保守党が協力して支持した。これが世に有名な「協力政権」である。

かくして協力政権は九月二十一日に金本位制を離脱し、いわゆる「英国の危機」を乗り切った。しかし、英国主軸体制そのものの崩壊への勢いは止め得べくもなかった。

ヨーロッパ大陸にある諸国の困窮も進行する。特に、第一次世界大戦の敗戦国であっ

高松宮御夫妻ロンドン到着出迎えに際して．シルクハットを新調

たドイツ、イタリアの窮乏は極限に達し、そうした社会不安の中から、ドイツのアドルフ・ヒットラー、イタリアのベニート・ムッソリーニが台頭する。

両国の国民は、彼等を救国の英雄として迎える。特にヒットラーは急速に勢力を拡大して政権を獲得し、ついに賠償支払い不能（モラトリアム）宣言をする。

年末に至って、連合国はベルサイユ条約の規定に従い、果たしてドイツが賠償支払い不能なりや否やを調査するため、政府から独立した立場の専門家で構成するバーゼル会議を開催した。わが国からは横浜正金銀行ロンドン支店支配人の野原大輔氏が代表として出席し、オブザーバーとして日本銀行ロンドン駐在監督役の田中鉄三郎、大蔵書記官の木内四郎の両氏が参加した。私はオブザーバー付きとして会議に出席し傍聴する機会を得たが、この会議では支払い延期やむなしということになった。

ローザンヌ賠償会議に出席

一九三二(昭和七)年六月、こんどは連合国がバーゼル会議の結論を討議するため、つまりドイツの賠償支払い不能宣言をどうするかを話し合うため、スイスのローザンヌで政府レベルの会議を開き、バーゼル会議の結論を追認した。

この会議の議長は英国首相マクドナルドで、フランスからエドゥアール・エリオ首相、ドイツからはフランツ・フォン・パーペン首相が出席した。わが国の代表団は吉田茂駐イタリア大使を全権に、駐フランス公使栗山茂、駐ロンドン大蔵財務官津島寿一で構成され、私は全権随員として参加した。

ドイツ、イタリアに対するそれなりの寛大な措置もファシズムの進出を防ぐには至らなかった。なぜなら、この間に世界経済はますます混乱の度を深め、各国それぞれに自国経済の防衛策をとったからだ。

まず、英国は世にいう大英帝国経済体制、つまり英帝国ブロック内では貿易自由化を進めるが、ブロック外には関税障壁を高めるなどの政策をとった。負けじとばかりに、フランスでは輸入割当制を、またドイツでは為替管理を徹底して輸入を防衛するなどの対抗措置をとるに至った。わが日本も、ドイツと同じ為替管理の道を選んだ。

このような世界の総保護貿易体制が世界経済の全面的な縮小をもたらしたのは当然で、世界経済は年とともに萎縮の一途をたどった。経済混乱の発生以来四年間に、世界貿易は実に四割、世界のＧＮＰ（国民総生産）は三割の縮減となった。驚くべきことで、世界は今日では想像も出来ない深刻な事態に没入した。

そして、この流れは日本、ドイツ、イタリアにおけるファシズム化の傾向をさらにさらに促す結果となった。

私は弱冠二十六歳から三年間、当時の世界の中心だったロンドンにあって、時代の移り変わりをこの目で眺め、この肌に感じ取った。

この間、祖国日本はどうしていたか。遠く離れて望見する祖国の姿には、よりくっきりと私の眼の底に焼き付けられるものがあった。日本の動きもヨーロッパの流れと相似し、また相連動するものがあったようだ。

わが国では、大正から昭和への移行は関東大震災の余燼《よじん》ともいうべき金融恐慌で始まった。その処置自体が容易なことではなかったが、旧平価解禁という不況要因がこれに重なった。浜口・井上の名コンビはこの危局の乗り切りに成功するかと期待されたのだが、不幸にして世界恐慌の荒波は日本を圏外に置いてはくれなかった。

日本経済は最悪の事態となった。農村を支える二つの目玉の一つである米価は半値に下落し、もう一つの生糸価格は六割減である。農家は困窮の果て娘を売る。夜逃げが流行する。経済恐慌を通り越して、深刻な社会不安である。

一方、政界では腐敗事件が相次いで起こる。政治に対する不信、不満は募るばかりだ。軍の青年将校や一部民間人たちは政治の革新を求めて、激しい動きを見せる。風雲まさに急を告げる。

かくして、一九三一(昭和六)年九月十八日に満州事変が勃発した。

ロスチャイルド家での一幕

私がロンドンに着任した翌年の一九三二(昭和六)年には、二十六年前に発行した四分利付き英貨公債二千三百万ポンドの借り換えの問題があり、いろいろな細かい仕事を手伝わされた。このカネは日露戦争後の財源調達のための借金で、高橋是清さんが特派財政委員、いわば財務大使としてイギリスやヨーロッパの各国を回って歩いた際に、財閥バロン・エトワール・ロスチャイルド氏から借りたものである。

借金はこの他にも、一九一〇(明治四十三)年に発行した仏貨公債の四億五千万フランがあった。こちらの方の償還期限は一九七〇(昭和四十五)年だったが、一九二〇(大正九)年以降は六ヵ月前の予告で全額か一部の償還が可能だったので、そのための交渉が行われた。この交渉は斎藤実内閣の下、高橋是清蔵相の時だったが、ここで大論争が持ち上がった。

当時のフランスはインフレだった。したがって、インフレのレートで返済するとなると額面の何百倍にもなるが、調達時の額面で返すとなればタダみたいな割安になる。そこで、額面で返すのか、あるいは借りた時の値打ちで返すのかの論争が始まって結論が出ない。

事実、高橋蔵相からの訓令は「調達時の額面で支払うべし」ということだった。しかし、英語とフランス語を併記した証文にはフランス語で「アン・エタロン・オール」、英語では「フラン・イン・ゴールド・スタンダード」とあり、一見、金価値換算での支払いを示すものとみえ、インフレ率を乗じた額を支払う必要があるようにも読めた。

その過程で、私は高橋蔵相の親書を携えた津島さんのお伴をして、パリのシャンゼリゼ通りからちょっと横に入ったところにあるロスチャイルド氏の邸宅に行ったことがある。

初めは、高橋さんの親書を見せると「まだご健在か」と懐かしがって、下にも置かぬ大歓待だ。ところが、食事を終えたあと本題に入り、「額面で返済する。これが最終回答である」という高橋蔵相の指令を伝えた瞬間、ロスチャイルド氏は顔色を変えた。

ロスチャイルド氏は猛烈な勢いで反論する。私はこの部屋から生きて帰れるのかな、とも思ったくらいだ。津島さんは動ずる色もなく「ご意見は、高橋大蔵大臣に伝えます」と答えていた。

この問題がどう決着したか、私は当時ぺーぺーだったし、その後帰国したのでよく分からない。大蔵省にも資料が残っていないようだ。

一方、東京市にもロスチャイルド家に引き受けてもらった外債があった。ところが支払いに関して訴訟が起こされたため、東京市は一九二八(昭和三)年以降の元利払いを停止した。

交渉にあたった楢橋渡弁護士(のちに、衆議院議員)は江戸時代からの借金の証文を柳行李《やなぎごうり》一杯になるくらい詰め込んで乗り込み、「日本ではいかなる時代にも、借金の証文には銀で借りても、銅で借りても『一金〇〇円』と書く。それを翻訳したのが『アン・エタロン・オール』だ。これは、枕ことばのようなものにすぎない」と主張したという。やや三百代言風ではある。

東京市の件は一九三九(昭和十四)年にフランスの所有者と和解協定が成立したが、その後、第二次世界大戦で実施不能となった。協定の実施をみたのは、戦後かなりたってからである。

ロンドンで悲報を聞く――五・一五事件

一九三二(昭和七)年五月十五日。その日は日曜日だったが、私は上司の津島寿一氏とゴルフを楽しんだ。帰途、津島邸に立ち寄ってラジオを聞いていると、ニュースの中で犬養首相の経歴を説明している。津島氏は、その経歴説明が過去形になっていることに気がついた。

「何か事件があったのかもしれない」と言われるので、私はすぐ日本大使館に電話をかけて聞いてみたが「東京からは何も連絡はない」という返事が返ってくる。そこで、タイムス社の一室を借りていた朝日新聞の支局に聞いてみると「いま入電があったばかりだが、犬養首相が青年将校たちに殺害された」と言うではないか。

テムズ河下りの船上にて

世にいう五・一五事件である。この事件とともに、わが国では政党政治が消滅、斎藤実氏率いる挙国一致内閣が成立して軍の影響力が政治に影を投ずるようになった。ヒットラー台頭の動きとまったく同じだった。

このころ、私の滞英生活も二年余りとな

り、私の後任としてロンドン勤務を命じられた愛知揆一氏もやがてやって来る。

そうこうしている間に、世界経済はますます悪化し、これを憂えた英国首相マクドナルドは世界経済会議の開催を提唱した。私はその準備会議に代表随員として出席したけれど、六月に開催されたロンドン世界経済会議を待たず、一九三三(昭和八)年三月帰国の途についた。

後で聞いたところによると、世界経済会議はマクドナルド議長の下に開催されたものの、各国がそれぞれ自国の主張を固守して譲らず、妥結に達し得ない。結局、会議は「暫時休憩」のまま散会するという異例の結末になり、世界経済、世界政治はいよいよ破局へ向かっての突進を続けるのみとなった。

帰国、京都下京税務署長で結婚

三三(昭和八)年四月に帰国した私は、直ちに京都下京税務署長を命じられた。二十八歳だった。高等官ということでモーニングを着用して一等車に乗り込んで東京駅をたち、京都に向かった。

事前の連絡では大津駅で何人かの署員が出迎えることになっており、目印に「下京税務署」の名前入りの提灯を持っているとのことだった。ところが、大津駅に着いても乗り込んで来ない。京都に着いたので降りようとしたところで、やっと車内を歩いてくる提灯が見えた。

旅費は一等車分をもらっても、実際は二等車に乗るのが慣例になっていたようで、署員たちは「まさか一等車に、モーニングを着て乗っておられるとは思いませんでした」と驚いていた。

署員は約四十人で、着任すると庶務課長から「前任の署長は午前中だけ出勤されましたが、いかがなさいますか」といきなり聞かれて、面食らった。のどかなものだった。京都生活はわずか一年だったが、おかげで名所旧跡のほとんどを回ることができた。

私と同じ群馬県の吾妻郡原町出身の新井三枝と結婚したのは、下京税務署長として赴任早々のことである。三枝の祖父新井善教は大審院判事で、その次男文夫は足尾銅山の技師だった。三枝は文夫の三女である。文夫の長男、つまり三枝の兄が私と高崎中学の同窓で仲がよかった。

そのうち親父さんが亡くなったので、新井一家は東京・初台に引っ越した。私も東京の学校に通うようになったのでちょくちょく遊びに行くようになり、そんなことから三枝との付き合いが始まった。

結婚披露は日比谷の松本楼で行い、媒酌は元内務次官の井上孝哉氏にお願いした。井上氏は新井家の親戚で、内務省の大ボスだった。私も学生時代から新井家の紹介で知っていたし、内務省入りを勧められたこともあった。京都と東京との往復が新婚旅行代わりとなった。

やがて横浜税務署長に転じ、ここで長女和子が生まれた。以来、私は三男二女に恵まれた。それぞれ一家をなしたが、伊香保温泉の横手家を継いだ次男征夫は昨年二月に病死した。孫は十一人、みな私のことを「おじいちゃん」とは言わず、「先生」と呼んでいる。

横浜の野毛山のてっぺん、とてもいい所に立派な横浜税務署長の官舎があった。行って泊まったが、夜になると南京虫《なんきんむし》が出てくる。チクンチクンとやるわけだ。前の署長はどうしたかというと、慣れたからあまり気にされなかった。こちらの方はそんなものには遭ったことがないから、跳び上がるくらい痛い。

前の署長さんは、それでもベッドを持ち込んだ。ベッドには足があるわけだ。足の下に金だらいを置くという。そして、水をいっぱい入れておくと、虫がみんなそこへ落ちて這い上がって来られないというので、私はそういうものもしてもらったが、だめだ。なぜかというと、金だらいがあると、ここへは登って来ず、柱を伝わってきて天井から落ちる。

新婚当時のスナップショット

三泊したけれど、結局、新しい家を探したら磯子の間坂《まさか》という所にとても景観のいい家があった。今はプリンスホテルになっている。そこへ行ってみたら、これはすこぶる快適で、南京虫はいないし、立派な建物だった。

横浜税務署に一年は勤務する予定だったのだが、三四(昭和九)年五月に帝人事件(2)で大蔵次官らの逮捕に発展、省内の人事異動があった。私も横浜勤務わずか三ヵ月で同年七月大蔵本省に戻り、主計局の陸軍省担当事務官(現在の主計官)として勤務することになった。税務署長の経験は、京都、横浜の通算一年二ヵ月ということになる。

私は横浜勤務が百日にもならないうちに本省に戻されたわけだが、当時の大蔵省は主計、主税、理財、銀行の四局編成で各局二課、幹部は三十人ぐらいだった。

文書課や秘書課は別立てで大臣官房の中にあった。各課に一人の課長と課長補佐がおったわけだが、課長補佐(事務官)は一人のところもあり、二人のところもあった。

私は税務署長から事務官になったわけだ。私が入ったとき、主計局には事務官、いまの主計官が五人いた。

(1) 張作霖爆殺事件＝当時の中華民国陸海軍大元帥張作霖が、関東軍高級参謀河本大作大佐の謀略により爆殺された事件。

(2) 帝人事件＝帝国人絹会社株式の買受けをめぐって起きた疑獄事件で、当時の大蔵次官らが召喚、逮捕された。

2　太平洋戦争突入前夜
――三十六時間閣議――

陸軍省担当の主計官七年

陸軍省担当主計官、これは主計官の中で陸軍省関係予算について一切合切《いっさいがっさい》を処理する中心の役目である。入省五年の私にとってはちょっと重荷の感もあったが、男子の本懐といった勇気も生まれた。

私が着任したのは猛暑の真っただ中だったけれど、夏休みもとらず、初めて取り組む陸軍について勉強した。まず軍の編成から装備、内部事情など、あらゆる角度からの検討である。軍の仮想敵国はソヴィエト・ロシア(旧ソ連邦)であった関係もあり、ソヴィエトの内部事情についても勉強した。

また軍の内部は、真崎《まさき》甚三郎大将が統領で諸事積極的な「皇道派《こうどうは》」と、軍務局長だった永田鉄山少将を統領にどちらかといえば慎重派の「統制派」との両派があって調整が容易でないこと、その調整に失敗すると軍の混乱と不統一を招き国運にも影響するだろう、といった話も聞いた。

いずれにしても、着任直後の私の仕事はまず陸軍の研究であった。そして一年、陸軍研究もかなり進んだ三五(昭和十)年八月十二日、仕事のことで陸軍省軍務局軍務課長の橋本群氏と電話中のことである。礼儀正しい英国型紳士の橋本氏が突然「ちょっと、失礼」といって、ガチャンと電話を切った。こちらは、何のことやらさっぱり分からない。

「あの丁寧な英国紳士が何事ぞ」といぶかっていると、数分後に橋本氏から電話がかかってきて、「先程は失礼しました。実は軍務局長の永田鉄山閣下が、隣の局長室で斬殺されたのです。お許し下さい」とのことだ。

私はすぐ今の憲政記念館のあたりにあった陸軍省へ駆け付けたが、部屋はもうきれいに整理されていた。永田局長の遺体はテーブルの上に安置され、顔にはガーゼのような白い布がかけられている。犯人は皇道派の相沢三郎中佐だった。統制派と皇道派との対立が頂点に達した結果の惨劇であった。

かくして、軍内部では皇道派の立場が強化され、対ソ強硬論、従って軍事予算獲得に積極的な主張がにわかに強まった。特に、動員時の動員兵力用の装備を備蓄する経費である資材整備費の要求については強腰になった。

大蔵省では高橋是清蔵相、津島寿一次官の下に、世にいう大蔵三羽烏の賀屋《かや》興宣《おきのり》主計局長、石渡《いしわた》荘太郎主税局長、青木一男理財局長以下の面々が鉄のスクラムを組んで軍の要求に抵抗し、軍の説得にあたった。しかし、昭和十一年度予算をめぐる「蔵・軍」の話合いが事務レベルでは調整がつかず、その決着は閣議に持ち込まれた。

一九三五(昭和十)年十一月二十六、二十七両日、永田町の総理官邸で開かれた閣議も平行線のままで、中一日置いて二十九日に再開された。この日、大蔵次官、三羽烏、それに陸軍担当の私、福田主計官は海軍担当の植木庚子郎主計官と閣議室の隣の部屋に陣取り、大臣を補佐する態勢をとっていた。

いよいよ閣議室に入ろうとする高橋大蔵大臣に、私は苦心して作った「閣議に於ける応対要領」なるメモを差し出した。すると大臣は、「きょうはメモを持たない。もっと大きな話をする」と言われ、これを受け取らない。その代わりに「福田君、官邸のどこかにあるだろうから、世界地図の掛け軸を捜《さが》して来てくれ」と言われる。

私が官邸の一室にあった一幅の世界地図を外《はず》してきて大臣に渡すと、「ああ、これでよい」と言って大臣はその軸を小脇に抱えて閣議室に入って行った。

ところが、閣議は延々と続く。大臣は閣議室に入ったままで、全然出てこない。トイレに出てきた松田源治文相に聞いてみると、「いま高橋大臣が世界地図を広げて、『日ソ戦うべからず』と川島義之陸軍大臣を相手に、大論陣を張っているところだ」という。

参謀本部から幹部が官邸に乗り込んでくる場面もあり、陸軍内部の調整にも手間取ったことから、閣議は中断を繰り返しながらついに二昼夜に及んだ。三日間、延べ三十六時間をかけての閣議決定だった。世に「三十六時間閣議」といわれるのが、これである。

翌々三十日の暁、大臣以下われわれが大蔵大臣官邸に引き揚げた時には、大蔵省詰めの新聞記者諸君が官邸前に多数出迎えて、「万歳、万歳」と励ましてくれたことを、今でも鮮明に記憶している。

この予算合戦は結局、六対四ないし七対三で大蔵省側に有利な決着となった。しかし、私はこの対立が皇道派優位の陸軍を強く刺激し三カ月後の二・二六事件の背景になった、と見ている。

二・二六事件

一九三六(昭和十一)年二月二十六日の午前六時ちょっと前、私はけたたましい電話のベルでたたき起こされた。出てみると、電話の主は内務省の長谷川透文書課長で、「ただいま高橋大蔵大臣が陸軍軍人に襲われ、即死しました」と言う。

私はすぐ「役所に行こう」と身づくろいして出掛けたのだが、折からの豪雪でタクシーは来ず、バスしかない。鳴子坂停留所で待つこと、かなりの時間だった。

私がようやく始発のバスに乗ったところ、まだ事件のことなど何も知らない人ばかりで静かなものだ。無理もない。電話の加入数は東京都内でもたいしたことがなかったし、ましてやラジオなどあまり普及していなかった時代である。

バスが半蔵門前に差しかかると、武装した兵士たちが大勢いて、全員下車を命じられた。私は、仕方なくそこから歩いて大手町の大蔵本省にたどり着いた。すぐ高橋邸に電話すると、ちょうど久保文蔵秘書官が出て、詳細な説明をしてくれた。この事件では重臣が数多く殺傷されたけれど、岡田啓介首相は奇跡的に助かった。

しかし、岡田内閣は総辞職して広田弘毅氏が後継内閣を組閣した。この内閣は首相こそ文官だが、全体の陣容には軍の威力がズシンと重くのしかかった。

大蔵大臣には日本勧業銀行総裁の馬場鍈一氏が起用され、新大臣は事務次官以下、従来の顔ぶれを一新した。津島次官は退官し、賀屋主計局長が理財局長へ、石渡主税局長は内閣調査局調査官へ、青木理財局長は対満事務局次長にそれぞれ配置換えとなった。明らかな左遷人事であった。「これは、いよいよ対ソ開戦だな」と思ったものだ。

まだそれほどでもない地位にあった私は、この大異動の中でも依然として陸軍省担当主計官として残った。

昭和十二年度予算は、財政の一大転機となった。高橋蔵相が死守した健全財政の方針が、今や過去のものになってしまったのだ。財政の総枠が色鮮やかに大膨脹に向かい、その中で陸海の軍事費も膨大化した。予算に占める比率も急激に高くなった。それを決算ベースの計数でみると、表のようになる。

こうして、陸軍では軍事力拡大計画が着実に進められた。例えば、当時十八中隊、百八十機程度でしかなかった航空隊は、五ヵ年計画で百二十八中隊、千二百機に拡充されることになった。

このため、大蔵省に対する予算要求もさらに天井知らずに増えていく。高橋さんが亡くなったことから、もはや公債漸減方針も捨てられ、逆にほとんど公債で軍事費をまかなうという財政当局としては最悪のパターンに追い込まれていった。もはや一主計官の力ではいかんともしがたい感じだった。

陸軍省は組織がしっかりしているだけに、予算要求も整然と行われた。要求金額が大きいから予算書も分厚いものとなり、一枚一枚ではティッシュペーパーのような薄い紙だったのに、一ヵ年度分の要求説明書を積み重ねると、私の背よりも高くなった。

後年、私がその要求書をめくってみると、要所要所に赤線

国家予算（決算ベース）と軍事費

	昭和11年度	昭和12年度
総枠	2,282	4,742
軍事費	1,078	3,271
陸軍	510	2,251
海軍	567	1,020
軍事費比率	47.2%	69.0%

（単位・百万円）

が引いてある。我ながらよくこれだけの書類を隅から隅まで調べ尽くしたものだなあ、と感慨無量だった。

臨時軍事費も、精査した。年によって違うが、臨時軍事費は一般会計予算全体の半分ぐらいになっていた。国政の動きはほとんど頭に入っていたので、明らかに使い方が適当でないものは削ったが、陸軍省もその指示には従った。ただ、細かい使い方まではいちいち目が届かなかった。「臨時軍事費」という項目で一括計上してくるからだが、おかげで陸軍のことはずいぶん勉強できた。戦後、代議士になってから防衛庁予算を見たら、昔と同じような部分がかなりあった。

軍人からは軍刀で脅されたこともあれば、お世辞を言われたり、ネコなで声で丁寧に陳情されたこともある。しかし、主計官時代は、私にとってある意味でやり甲斐のある時期だった。

盧溝橋事件から日中全面戦争へ

翌三七(昭和十二)年七月七日、図らざる事件が勃発した。盧溝橋事件である。

陸軍の連絡将校岡崎主計中佐は、私に経過を説明するとともに「陸軍は不拡大方針を堅持するから安心せられたい。(大蔵)大臣はじめ上司に、その旨報告せられたい」と申し添えた。果たせるかな、十一日に現地協定が成立し、一時は平和的に事件の処理が終わったかに見えた。

ところが現地での日支(中)間の軍事的対立はなおもくすぶり続け、やがて両国の国家的対立として燃え上がった。同年十二月の南京占領、翌年五月の徐州大会戦がそれである。

私は主計官就任以来、時間をやりくりしては陸軍の軍事施設を視察することにしていた。内地はもとより、外地にも出張した。特に旧満州(中国東北部)へはしばしば出掛けた。新京、奉天、旅順、大連はもとより、東は東寧、綏芬河《すいふんが》、大同、密山、虎林、大黒河などソ満国境から勃利《ぼつり》、牡《ぼ》丹江《たんこう》といったわが国移民による開拓地、遜呉《そんご》の軍事基地など広く視察した。北支視察は三八(昭和十三)年春であった。徐州会戦がようやく峠を越えたころで、会戦の概要説明を機上で受けた。

済南で一泊したが、折からの黄塵で飛行機の航行は不可能となり、北京まで汽車で帰った。時折、中国軍の便衣隊(ゲリラ)の襲撃があり、乗客は皆、車掌の指示に従って来襲方向の反対側に下車して、伏せの姿勢で難を避けた。そのようなことが数回あって、汽車は極度の鈍行となったが、それでも二十一時間かかって無事北京に着いた。

当時、興亜院北京事務所に勤務していた愛知揆一君がもっぱら私の世話を担当し、親切に尽くしてくれたことを、私は今でも鮮明に覚えている。

北辺では樺太の北緯五十度を挟んで日ソ両軍が対峙《たいじ》していた。ソ連軍はソ満国境全線にわたって大規模なトーチカ陣地を造ったが、樺太でもそれを始めたのだ。陸軍はこれに対応の構えを必要とするとの考えだったので、私はその樺太の国境視察のため北緯五十度まで出向いた。四〇(昭和十五)年五月初旬のことである。

樺太の国境視察を終え帰ってきた六月のある日の夕刻、大手町にあった大蔵省、内務省、企画院などが落雷による火災で全焼した。

牛込余丁町の借家に居った私は、大蔵省を含む都心部に火災が発生したとの情報を聞き、すぐ駆け付けたけれど、猛火を前にどうする術《すべ》もない。翌日、焼け跡を調べてみると、最も大事な金庫だけが残っている。それを開けてみると、パッと火がついて燃え始め、とうとう中にあった書類は全焼した。これが一つの問題になった。

膨大な予算を要求する陸軍省だから、その説明のためには多くの機密資料をさらけ出さなければならないし、時にはその資料を主計官に預けなければならないこともある。そこで陸軍省は堅牢な大型金庫を主計官室に持ち込んで、私に預けた資料はこの金庫に格納することになっていた。同時に、私は預かった機密資料については一々預かり証を陸軍省に差し出していた。

その文書が全部焼失したのだ。預かり証まで差し出した文書が返却不能である。神経過敏になっていた陸軍省にしてみれば、その文書があるいは私の手からソ連に渡されていたと見られないでもない。

もちろん、そのようなことを信ずる人は誰も居らなかったけれど、形式的にはケジメをつける必要があった。私は憲兵から尋問を受け、現場調べに立ち会って調書を取られたりして一件落着となった。この時点でも陸軍が仮想敵国として考えていた相手は明らかにソ連であり、米国ではなかった。

この年の秋、九月二十三日（秋季皇霊祭）は一天雲なく、秋晴れのよい日和だった。忙しい毎日の私は、珍しく家族を引き連れて登戸近くの向ヶ丘遊園地へ出掛けた。この時分、私は三四(昭和九)年に長女和子、三六(同十一)年に長男康夫、三九(同十四)年に次男征夫が誕生して、二男一女の父親になっていた。

昼時になったので園内の茶屋に立ち寄って休んでいると、ラジオのニュースが「わが軍は仏印国境を越えて、仏領インドシナのハノイに向かって進撃中である」と伝えている。

雲南省南寧に駐屯している西村兵団が仏印を狙っているとの噂はかねて聞いていたが、それが現実のものになったのだ。私は、「支那事変」(日中戦争)の処理で手一杯のはずの時局収拾が一段と厄介なものになった、と直感した。帰宅した私は、電話で関係方面に経緯と展望を聞いた。

越えて四一(昭和十六)年五月、私は南支の状況と問題の仏印とを視察するため現地に出掛けた。まず海南島にある海軍軍事諸施設を見てから、広東(いまの広州)の南方方面軍司令部に立ち寄っていろいろ説明を聞いた。その夜は、後宮《うしろく》淳南支那方面軍司令官が主催して、私のための晩餐会を司令官官邸で開いてくれた。

この席上、大蔵次官から私に宛てた一通の電報が私に手渡された。「このたび汪兆銘《おうちようめい》氏を首班とし南京に成立した新国民政府に、わが国から顧問団を派遣することとなり、最高顧問には青木一男氏が決定した。その青木氏の切なる願いは貴殿を財政顧問に依頼したいとのこと、貴見如何、折り返し返電乞う」とある。

私は「私の身柄は次官の思うようにされて結構だが、今回の仏印出張はぜひ実行させていただきたい」と答えた。かくして、私の国民政府財政顧問が決定した。

私は予定通り陸軍機に搭乗して仏印に向かい、ハノイに到着した。ハノイでは澄田睞《らい》四《し》郎《ろう》中将(元日銀総裁澄田智氏の父)の統括する澄田機関が案内に当たり、私はハノイからサイゴンまで南下しながら要所要所を視察した。

全域を通じ、フランス色濃厚。インテリ層ではフランス語が使用され、「コティ」などフランス商品が街に満ち溢れていた。

進駐した日本軍の主力は、ハノイからハイフォンへの街路周辺につくったアンペラの簡易営舎で僅かに雨露をしのいでいた。陸軍は、主計官たる私に施設の改善について強く要望した。

国民政府顧問の二年間

私が仏印から帰国するのを待って、日本政府は次のような国民政府顧問団全員のメンバーを発表した。

最高顧問　青木　一男
政務担当　犬養　健
財政担当　福田　赳夫
産業担当　橋井　真
農業担当　難波　理平
金融担当　木村増太郎

新聞は、各紙とも顔写真入りで大きく報じた。この人事に関連して、私は七年間の大蔵省での陸軍省担当主計官から外務省東亜局勤務の書記官に転じ、その立場で南京の日本大使館勤務ということになった。しかし、これは表面的、形式的なことで、私の正式な立場は南京政府顧問である。

出来たばかりの国民政府側は顧問団の到来を非常に喜び、歓迎した。青木最高顧問には堂々たる公館が提供され、一級の調理師まで付けられた。顧問団の事務総長的な立場でもあった私には、北京路五十一番地に公館が支給された。「福田公館」と呼ばれた。邸域は広く、庭はゴルフの打ちっ放しができるほどであった。一隅に三階建ての洋館、そこに私と大蔵省派遣の秘書役中尾博、武藤謙二郎、結城義人三君(いずれも、後に大蔵省幹部)が陣取った。

顧問団の任務は、建国早々の汪兆銘政権に対し、必要に応じ、その基盤強化のため何かと協力することであったのは当然だが、同時に占領下でともすれば行き過ぎになりがちな日本軍の介入を阻止し、新政府の面目と権威を保持させることであった。

当時、中国大陸の主な通貨は蔣介石政府が発行した法幣であった。日支事変の勃発後には日本軍が軍票を発行し、軍の支払いは軍票をもってするという時代があった。そのほか、共産党支配地区など地方政府の発行した紙幣もあり、いろいろな紙幣が入り乱れて流通していた。

国民政府最大の課題はもとより地域経済を安定させ、民心の動揺を防ぐことである。

国民政府財政顧問時代

そのために大事なことは、地域の物資を充実させ、物資欠乏によるインフレを阻止することだ。青木最高顧問は日本政府と相談した上で、新通貨即ち儲《ちょ》備《び》券《けん》を発行することとし、通貨の安定をはかった。

そうこうしている間にも、気になるのは東京の空気である。アメリカとの平和への話し合いは険悪の様相を深めていた。私は真相探索のため四一（昭和十六）年の十一月末に一時帰国し、かねて親交のあった陸軍はじめ要路の諸君と接触してみた。すると、「もう運命は決まったよ。あとは時間の問題だけだ」。これが結論だった。

はっきりした見通しをつけた私はこれを胸に秘めて十二月四日に南京に帰り、その夜、かねて懇意だった支那派遣軍航空隊本部経理部長の木村陽次郎氏を公館に招き、夕食をともにした。その折も折、上空を雁形に組んだ飛行機群が次から次へと飛んで行くのが見えた。木村氏は「いよいよ始まりましたね。あれは南方への航空隊主力の移動です。分かるでしょう」と言う。

十二月八日午前十時、大使館から「大使館に集合するように」との連絡がきた。参集者数十人の前に現れたのは日高信六郎公使である。「対米英宣戦布告の大詔が発せられました。皆様の命は、この日高が預かります」と言う。

私は数日前に帰任したばかりで、事の成り行きについてはある程度の認識が出来ていたが、いよいよ大詔渙発《かんぱつ》となると、さすがに感慨無量だった。

戦争は東南アジアのほとんど全域に拡大した。これに対応して政府は四二(昭和十七)年十一月、拓務省などを廃止して大東亜省を創設し、初代大東亜大臣に国民政府最高顧問青木一男氏を起用した。後任の最高顧問には元大蔵大臣石渡荘太郎氏が任命された。

国民政府側は、これまた大きな期待を込めて歓迎した。

そうこうしているうちに、四二(昭和十七)年の暮になって大蔵次官谷口恒二氏から石渡氏へ一通の電報が届いた。「人事の都合上、福田赳夫君を帰国せしめられたい。文書課長に起用したい」との内容である。

石渡氏は「福田君は当地において極めて重要な存在であり、あえて帰国させるのは見当違いだ」と反対した。

谷口次官が私を文書課長に正式に発令した後も、石渡氏はなお抵抗を続け、私が帰国したのは翌年の六月であった。この間半年以上、「福田赳夫を帰せ」「帰さぬ」の往復電報は珍妙なやり取りの反復であった。あれが大蔵省に保存されていれば面白いだろう。

国民政府の汪兆銘主席は、私の帰国を心から惜しんだようだ。顧問団の中でも私を一番信頼していたらしく、問題があると財政に限らず何でも私に相談した。主席は他の人に「福田顧問は支那(中国)服がまったくよく似合う。わが国民とそっくりで、気楽に話せるのだ」と、冗談話をしていたようだ。

汪主席は政府主席であると同時に軍事委員長、つまり陸海軍大臣というような立場だったので予算にたいへん関心があり、その面で特に私に着目したのだろう。

いよいよ帰国の日が近づくと、主席は送別の宴を張り、「梅花有素心……」の詩文を認《したた》め、掛軸用条幅に仕立てて、餞別として私に手渡した。その上、国民政府としては初めてのことだそうだが、私に対し感謝状を与えた。汪兆銘主席が署名し、片隅には「字第一号」とあった。

宴の帰途、同僚犬養健氏のホテル「首都大飯店」に立ち寄ったところ、犬養氏は感謝状を見て「支那(中国)では人扱いが丁寧で、顧問が帰国する時などにはきまって感謝状を出すものであり、その感謝状には必ず『第一号』と書く」などと軽口をたたいた。しかし、青木最高顧問が帰国された折にも、その他の方々にも感謝状は出さなかった。後で犬養氏帰国の折に「感謝状は出ましたか」と聞いたところ、頭をかいて答えなかった。

ところで、国民政府(南京政府)自体は一九四〇(昭和十五)年三月三十日に南京を首都として成立し、同年十一月二十九日汪兆銘氏が主席に就任した。

汪兆銘氏は一八八二年広東省に生まれ、わが国の法政大学に学んだ。孫文氏の知遇を得て蔣介石氏らと辛亥《しんがい》革命に参加、孫文氏の死後は中国国民党にあって「軍事の蔣、政

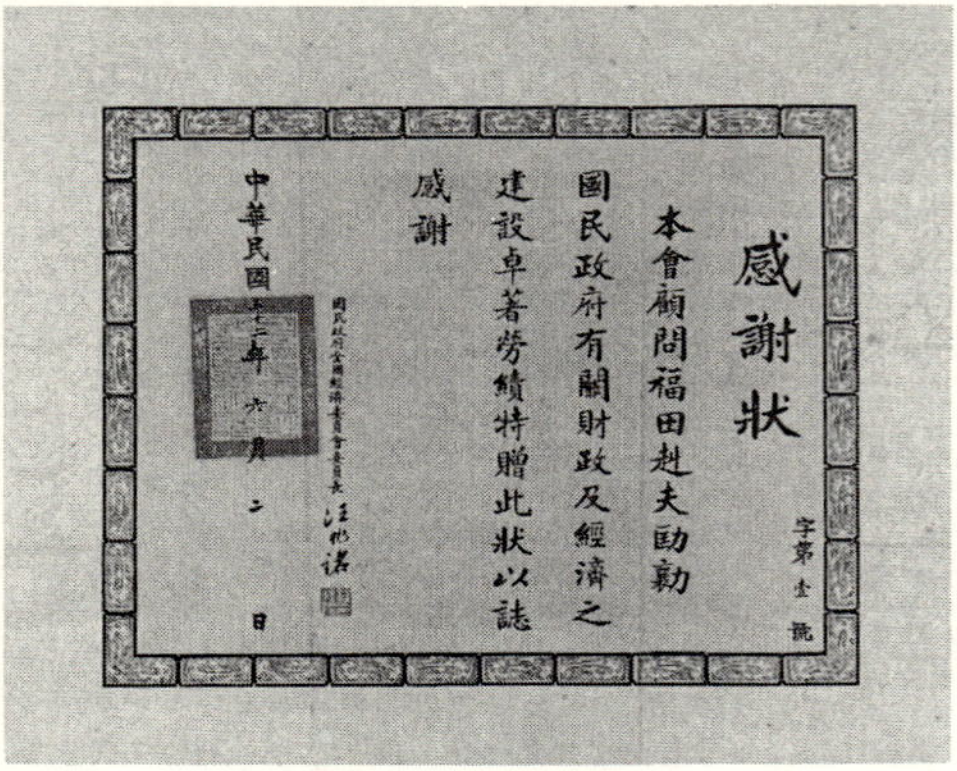
字第壹號

感謝狀

本會顧問福田赳夫勛勤
國民政府有關財政及經濟之
建設卓著勞績特贈此狀以誌
感謝

汪兆銘

中華民國[illegible]二年六月二日

汪兆銘主席の感謝状

治の汪」と国民党を二分する重鎮となった。支那事変（日中戦争）勃発の翌年には、蔣総統、汪副総統と国民党ナンバー・ツーの地位にあった人物である。蔣総統よりは五歳下だった。

中国の自主独立を図るに当たり、蔣介石氏は「抗日救国」を主張したけれど、汪兆銘氏は「それは中国を疲弊させ、結局はソ連を利することになる」として反共を唱え、日本との「和平救国」を主張した。

汪主席は、その後、夫人や側近たちを連れて重慶を脱出し、一九四〇（昭和十五）年に南京を首都として成立した国民政府の主席に就任された。当初は日本軍が優勢だった大陸での戦局が次第に逆転し始めたころ、汪主席は病気治療のため来日された。私は汪主席が入院しておられた名古屋帝大病院へお見舞いに行ったが、地下室の大きな防空壕のようなところでベッドに横たわっておられた。その後、四四(昭和十九)年十一月十日にその名古屋帝大病院で死去された。

副主席という肩書きはついていなかったものの、事実上の副主席でわが国でいえば大蔵大臣に当たる財政部長が周仏海氏だった。この人は一高、京都帝大を卒業した日本通で、私は多くの南京政府要人の中でも汪、周両氏とは特に接触が深かった。

そのほか、立法院長の陳公博氏。この人は汪首席の没後、政府主席・行政院長になった。外交部長の緒民誼、実業部長の梅思平、汪夫人の陳璧君の各氏がいた。

これらの人たちを含め南京政府の要人は、わが国の無条件降伏によって南京政府が自然消滅したあと、ほとんどが国民党軍か中共軍(紅軍)に捕らえられ、反逆罪を犯した売国奴を意味する「漢奸」の汚名を着せられて処刑された。

「和平救国派」も「抗日救国派」と同様、祖国を愛する点では変わりはなく、祖国・中国のために一身をなげうって最後まで戦い抜いた人たちである。

終戦後に収集された彼等の裁判記録を読んでみると、裁判(といっても極めて簡潔なものだが)の場では憐れみを乞う発言などほとんどなかった。実に堂々たるもので、東洋の大人の風格とともに一代の風雲児、革命の闘士の面目躍如たるものがある。今は、心からご冥福をお祈りするだけである。

戦局重大化下の大蔵省

私は四三(昭和十八)年六月に中国から帰国して、名実ともに大蔵省文書課長の職に就いた。大蔵省は大手町にあった以前の建物が落雷で焼失したことから、現在の霞ヶ関に移っていた。

この頃の大蔵省の仕事の中心は、戦費の調達である。戦費調達といっても、その財源は公債以外にはない。公債を発行すればその消化が問題だから、国民に協力を求めることになる。賀屋興宣大蔵大臣は貯蓄に最大の重点を置いた。文書課長である私の仕事も貯蓄中心となった。

国民貯蓄は、戦費の調達にも貴重な財源だが、インフレ防止にも不可欠の手法である。戦費が増大すれば、それにつれて企業と個人の購買力が増大するのは当然であり、それを吸収しなければインフレになってしまうからだ。

四二(昭和十七)年ごろには、国民所得の六〇%ぐらいが貯蓄に回ったと推定される。

所得の三分の一ぐらいで生活していたということは、いかに国民の愛国心が旺盛であったかを示すものである。世界に類例を見ないこの貯蓄率の高さは、インフレ防止にとどまらず、アメリカのような大国を相手に四年間も戦争ができた原動力であった。ただ、敗戦の結果これらの貯蓄がゼロになってしまったのは誠に気の毒であり、残念であった。

四三(昭和十八)年の末になると、賀屋興宣氏に代わって国民政府最高顧問だった石渡荘太郎氏が大蔵大臣になった。

石渡蔵相は着任後、直ちに私を文書課長兼秘書課長兼秘書官に任命した。この地位は次官とともに省内の帷幄《いあく》の枢機《すうき》に任ずるものであり、従って責任も重かつ大となった。私は感激に満ちて職務に精励した。極端に多忙の中で月日は矢のように早く、この間に戦局はすでにわが国に不利となっていた。それでもなお、大本営発表は勝利、勝利の連続であったが、職務上真相を知り得る立場にあった私は実情をよく把握していた。

九死に一生を得る——戦災と終戦

東条英機首相は遂に四四(昭和十九)年七月十八日に退陣し、小磯国昭内閣の登場となった。国民の間にも、戦局必ずしも楽観を許さずとの機運が生じてきた。

大蔵大臣は石渡氏から津島寿一氏へ。私は若いころ、つまりロンドン時代から津島氏とは特別な関係にあったから、津島大臣の腹中に飛び込み、一体となって戦時財政の処理に取り組んだ。

米軍の日本本土空襲は日に日に激しさを加え、四五（昭和二十）年三月の大空襲によって東京の下町は大半が焼失した。

これより先、大蔵省内には防衛隊が組織され、私はその隊長となった。職務執行の責任を考えると、世田谷区野沢の自宅は大蔵省にも遠く適当でない。私は家族を群馬県群馬郡金古町（現在の群馬町）の私の生家に疎開させ、自らは当時の警視総監（町村金五氏）と警保局長（古井喜実氏）の官舎の後ろ隣にあった大蔵大臣秘書官官舎に移り住んだ。

しかし、実際にここで起居したのは短期間で、妻の姉中島千枝夫妻に留守を頼み、私自身は庁舎内に陣取ることにした。私は文書課長、秘書課長と二つの個室を持っていた。そこで、文書課長室を執務室にして、秘書課長室にはベッドなどを置いた。

ただ、秘書課長室から隣の文書課長室へ移るだけでは出勤した気分になれないので、毎朝、ニッカーボッカーズにハンチングをかぶり、ステッキを持って秘書課長室を出る。省内を一回りしてから、執務室である文書課長室に入るのである。

このやり方が大変好評で、私を見習い省内に居住するものが相次いだ。ついには山際正道次官を筆頭に四、五十人もの者が役所住まいになり、隣組まで組織して米、食糧などの配給を受ける対象になった。正式に隣組の登記もして、私が組長になったわけだ。

一九四五(昭和二十)年になると、中央、地方とも米軍の空襲にさらされる。隣組の維持も困難になり、同年四月、大蔵省本省は防衛隊だけを残して各局ごとにそれぞれ疎開した。大臣以下三十人程度の中枢部は日本銀行三階を借りることにして、そこへ移った。日本銀行には金備蓄用の巨大な地下倉庫があり、いかなる爆撃にも耐え得るとのことだったし、冷暖房施設まであった。空襲警報が鳴ると地下の金庫の扉がギーッと開き、大蔵省中枢部は中に退避する。

三和銀行の重鎮である渡辺忠雄氏が当時は日本銀行文書局長で、一切の面倒を見てくれた。あのころのことについて、私はいまでも感謝している。

この年四月、小磯国昭内閣が退陣し、終戦内閣となった鈴木貫太郎内閣が後を襲った。

津島寿一氏は退き、代わって広瀬豊作氏が蔵相になった。

それから間もない五月二十五日の夜、米空軍の大空襲があった。三月十日と並ぶ東京大空襲であった。この日夕刻、私を含む大蔵省の主要幹部数名が前大臣の津島さんを国会に近い料亭「山の茶屋」でねぎらった。食後に、津島さんが「おれの家にウイスキーの備蓄があるから来ないか」といわれるので、一同徒歩で麴町三番町の津島邸へ行き、庭の芝生の上で水割りを頂戴した。

午後九時ごろだった。空襲の警報が鳴った。やがて、あちこちで火災が起きた。近所の星野直樹書記官長宅が焼けたという知らせだ。そのうちに津島邸にも火の粉がバラバラと落ちてくる。私は竹竿の先に濡れ雑巾をつけ、それで屋根に降りかかる火の粉を消していた。そうこうしていると、今度は本物の焼夷弾《しょういだん》が津島邸応接室の真上に落下した。

私は、ちょうどそのときその応接室の屋根に降りかかる火の粉を消している最中だった。私は二メートルばかり吹き飛ばされて、芝生の上に昏倒《こんとう》した。やっと立ち上がると背中が燃えている。まるでカチカチ山だ。芝生にばら撒かれた濃脂に火がつき、その上に仰向けになったせいだろう。

急いで背広とズボンを脱ぎ捨て、庭の隅の防空壕に飛び込んだ。ちょうど、そこに飲み水がおいてあったので一息ついた。

そっと防空壕の蓋を開けてみると津島邸は火焔に包まれ、津島夫妻も同僚もだれ一人いない。「逃げ遅れたか」と、慌てて半蔵門から新宿へ通ずる街路へ飛び出した。四谷の橋下を目指したのだ。街路の両側は火の海だ。火煙のせいだろう。息をつくのが苦しい。やっと目的の四谷の橋の下にたどり着いた。

二時間ほどたつと、火勢も衰えてきた。私は役所のことが心配なので、大蔵省に向かって歩き出した。外濠《そとぼり》の土手添いに三百メートルばかり行くと、門扉を大きく開き玄関の前庭には避難者らしき人々が多数集まってハッピ姿の人々の介護を受けている。

入ってみると鮎川義介氏邸で、鮎川家が自発的に被災者の救護に当たっているという。「大蔵省の文書課長だ」と名乗ると、鮎川夫人が出てきて、なにくれとなく世話をしてくれた。夫人は「あなた大変よ。後の髪の毛がだいぶ焼け失せて、耳たぶなど首の後部が火膨れだわ」と言って手当てまでしてくれた。私も言われてはじめて火傷していることを知った。手当てをしてもらった私は、鮎川家から自転車を借りて、大蔵省に駆けつけた。

大蔵省職員の中からも多くの犠牲者が出たが、前次官の谷口恒二氏が行方不明で、まったく分からない。心配の余り、私は自転車を駆って渋谷区金王町《こんのうちょう》の谷口家へ行ってみたが、家は焼け落ち、家人はだれも居ない。

近所の人の話では「明治神宮の方向へ逃げたようだ」とのこと。私は警察に特に調べてもらったが、数日後に谷口氏の鉄道パスだけが明治神宮表参道で見つかった。しかし、遺体がどうなったかは今もって分からない。

私自身は、九死に一生を得たというところだった。後年、私はよく「自分は一度は死んだ身だ」と語ったものだが、それはこの時のことを指す。

沖縄はすでに米軍の手中に帰し、米軍の攻撃は本土全域にわたって激烈を極めた。八月六日の昼ごろ、同盟通信の渉外部長だった長谷川才次氏が日銀三階の大蔵省本部を訪れた。「今朝、広島に何か異様な爆弾が投下された。被害莫大、凄惨《せいさん》想像を絶する」という。

翌日になって、それが原子爆弾であったことが分かる。電波は、しきりにポツダム宣言の受諾を求めてくる。

この間、広瀬蔵相は時局収拾で多忙の日夜だったが、閣議その他重要な動きについてはことごとく数名の幹部に知らせてくれた。

八月九日の閣議は暁に及んだ。この閣議は事実上終戦を決めた閣議であり、閣議後の十日午前三時か四時になって大臣から事実上、ポツダム宣言を受諾する大方針が決められたということを聞かされた。私は十五日の終戦の時より、この日の方が感慨無量だった。

八月十二日には、日帰りで郷里へ疎開中の家族を訪ねた。実情はむろん話せなかったが、家族に「なかなか容易ではないが、元気を出せ」と言い残して、すぐに帰京した。

八月十五日、いよいよその日がきた。私は私と同様に大臣秘書官をしていた勝田《しょうだ》龍夫氏ともども、大蔵本省の地下室で玉音放送を聞いた。

さまざまな情報を得ていたとはいえ、私もただただ茫然《ぼうぜん》、これからどうなるのか、何もかも分からない。全く、先の見通しなどつかなかった。しかし、これから歴史的な新しい幕が開かれる、私はそう思った。

3　戦後処理
——占領下の大蔵省——

軍票の使用を阻止

終戦になって、東久邇宮稔彦《ひがしくにのみやなるひこ》殿下が内閣を組織され、津島寿一氏が大蔵大臣に返り咲いた。占領軍がやって来て日本を直轄統治にするのか、間接統治にするのかが最大の焦点だったが、進駐軍の使う金を軍票にするか、日本通貨にするかが分岐点になると見抜いたのが津島さんだった。

日本に進駐してきた米軍は「占領地で軍票を使うのは当然だ」ということで、大量の軍票を用意していたようだ。しかし、こんなものを使われたら、日本経済はえらいことになる。それだけではなく、進駐軍が財政権を握れば事実上、進駐軍の直接統治となって占領が長期にわたると予想されたので、津島蔵相は体を張って抵抗された。

津島さんは、当時の東久邇首相もまだ会っていなかった連合軍最高総司令官のダグラス・マッカーサー元帥に直接面会して、当面していた諸問題について協議した。

私はこの軍票問題に直接タッチしたわけではなく、実際に活動されたのは外資局長の久保文蔵氏である。高橋是清大蔵大臣当時に、秘書官をされた方だ。その下に、先年大蔵大臣を務めた橋本龍太郎君（現・通産相）の父上の龍伍氏がいて、不自由な足を引きずりながら雨の中を駆け廻ったり、ずいぶん苦労された。日本側も陳情、嘆願をするなどたいへんだった。この人たちの努力で、軍票の使用を食い止めることに成功したのである。

私は終戦から二週間後の九月一日、官房長に就任した。この職制は、当時は大蔵省だけに創設されたもので、ほかの省では総務局長と言っていた。そこで、私は官房長兼秘書課長兼大臣秘書官、それにＧＨＱ（連合軍総司令部）と折衝する終戦連絡部長をも兼ねることになった。

私が官房長になって最初に取り組んだ仕事は、大蔵省の移転だった。

九月十一日にGHQから「米軍が大蔵省の建物を使用するので、十五日正午までに引き渡せ」という命令がきた。津島蔵相は軍票の使用阻止に成功して気をよくしていたところへ、今度は立ち退き命令が出たので、大変なショックだった。進駐軍への面当てだろうか、津島蔵相は「福田、日比谷公園にテントを張って執務するから、なるべく大きいやつをどこかで借りてこい」と言われた。もちろん、そんなに大きいテントがあるわけはない。

私は移転の責任者なので怒っている暇はなく、多忙を極めた。とうとう最後には間に合わなくなって、三、四階の窓から文書はもちろん椅子、机にいたるまで外に放り出す始末だった。

結局、日本勧業銀行、内務省、東拓ビル、東京証券取引所などへバラバラに別れて執務することになった。私たち中枢部は、今のNTT（日本電信電話株式会社）の並びにある内幸町角の日本勧業銀行本店四階と五階に移った。ここに四、五カ月いたあと、旧陸軍が傷病兵の収容施設に使っていた四谷第三小学校（現新宿区）に、また引っ越した。

新円の発行

軍票問題が片づいたあとの十月、東久邇内閣がわずか五十日ほどで総辞職した。そして幣原《しではら》喜重郎内閣誕生となったのに伴い、大蔵大臣は津島さんから渋沢敬三さんに代わった。いま振り返ってみると、終戦直後の大蔵大臣に津島、渋沢のお二人を迎えたことは、日本のために非常によかったと思う。

渋沢さんは明治時代の財界指導者渋沢栄一氏の嫡孫《ちゃくそん》という名門の出だが、考え方は革新的だった。戦時中に治安維持法違反で東大を追われた大内兵衛教授の意見をしばしば聞かれていた。

大蔵官僚はみんな大内先生に親近感を持っていた。大内先生が、大正二年から五年間だけだったが大蔵省の理財局や預金部で貨幣行政を担当しておられたからで、私もしばしば大内先生に会ってご意見をうかがった。

その大内先生が十月にラジオで「軍需産業への支払いなど戦時債務の棒引きに、渋沢蔵相は蛮勇を振るえ」という放送をして、インフレ防圧を呼びかけた。この演説は国民から高く評価され、渋沢さんも好感を持っていた。

ただ注目すべきことは、渋沢さんが「財政も重要だが、とにかく社会改革を進めなければならない」という考えを持っていたことで、われわれは大臣のリードでいろいろな案を検討した。その一つとして、インフレに対して政策的にどう対応すべきかという問題とともに、新生日本の再出発の前提として、社会的公正という基盤をつくらなければならないという考えから財産税構想が論議された。

当時の大蔵次官は山際正道さんで、誠実無比、見識が高くて、渋沢さんの信頼が厚かった。その山際さんを囲んで論議しているうちに、所管外ではあるが「食糧をどうするか」というテーマが登場した。インフレもさることながら、「当面、来年一年の食糧をどうするのだ」「いますぐ手を打たないと、日本人の三分の一ぐらい餓死するかもしれない」というわけである。

終戦の年は米が大変な不作で、必要量全体の六割五分ぐらいしか供給できなかった。そのほかの物資もすべて不足し、生活物資の買いだめがインフレの中で猛スピードで進行した。

放置しておけば、社会的混乱はますます広がる。同時に、戦前戦中に醸《かも》し出された国民間の、富の不均衡化が進行していた。こうした不均衡を是正する必要性を考え合わせると、どうしても財産税という構想に行きつくことになる。

財産税をとるとなれば、不動産のような目に見える物財は捕捉し易いが、通貨と預金という金融資産は捕捉できない。そこで新円の発行案が出てきたが、新円の発行は同時に食糧の確保のためにも必要だった。当時「囤積《とんせき》」という言葉がはやった。分かり易くいえば買いだめのことで、例えば米の買いだめを放っておけば、一部の人は食べて、ほかの人は食べられなくなる。

この囤積を阻止し、既に囤積された物を摘発するために、強権発動という非常手段をとるなどいろいろやってみたが、それだけでは物資の需給を正常化できる見込みはない。最後の決め手はなんだというと、消費購買力を封鎖してしまうことである。最も有力な購買手段はカネだから、そのカネを封じ込めることだ。いま流通している「円」を封鎖して「新円」を発行し、それと並行して財産税を徴収すれば、社会的公正と食糧の確保という一石二鳥の効果が狙える。

そこで大晦日《おおみそか》の夜遅く、愛知揆一、伊原隆、西原直廉、石野信一、酒井俊彦といった諸君に渋沢さんのお宅に行ってもらい、大臣の決断を求めることになった。財産税の徴収とそれに並行する新円の発行、預金封鎖、それに他の諸省庁が、囤積物資の輸送に対する臨検、徴発、すでに囤積されている物資の押収といった強権発動もやるべきだと申し上げたところ、渋沢さんは「そこまで考えているのならやろう」ということになった。

渋沢さんは翌日つまり二十一年の元旦に参賀のため宮中に参内《さんだい》したとき、次田大三郎内閣書記官長（現在の内閣官房長官）に別室で話をした。次田さんも「わかった、私がガードする」と言ってくれたので、非常措置発動の方向が決まった。

そのころ私は、戦争中に寝泊まりしていた大蔵省から、渋谷区代官山の同潤会アパートに移っていた。三階の六畳、四畳半の二間に、親子六人で住んでいた。

ここで戦後初の元旦を迎えたわけだが、その朝、目を覚ますと下の方で「福田さん、福田さん」と呼ぶ声がする。ドアを開けると、顔見知りの橋井真内閣参事官がいる。「次田書記官長からの至急の使いで来ました。『明日、各省の総務局長を全員集めろ』

と言っておられます」という話だ。

私が翌二日の午後一時半に首相官邸へ行ってみると、主要各省の総務局長級の人たちが集まっている。ここで、次田書記官長は「インフレと食糧問題への対策が必要だ」と力説し、早急にその考え方をまとめるよう指示された。このとき、私は何も発言しなかった。構想はできていたけれど、書記官長にも他の省にも言うわけにいかない。

その具体的な仕事の中身は、いまでいえば自治（当時は内務）、通産（同、商工）、農水、運輸の四省に集中したが、私は「これだけの混乱の中で、四省だけで十分な効果があがる対策は到底考えられない。結局、最後は大蔵省が事態の収拾を引き受けることになる」と覚悟していた。そこで実施案の作成は私が中心になって進めたわけだが、いちばん難しかったのは新円発行の話を外に洩れないようにすることだった。

大蔵省は一月三日から愛知揆一君らに芝・白金（現在、港区白金台）の般若苑に泊まり込んでもらい、預金封鎖、新円発行の具体的準備策、つまり金融緊急措置実施案を練り上げ、金庫に入れて知らん顔をしていた。

われわれはこうして、手を打った上で預金封鎖と旧円の無効宣言を三月三日に行うことにしていた。ところが、なぜか大阪方面で「どうもお札が差し押さえられそうだ」という噂が飛んで、だんだん広がりそうな形勢になってきた。そこで、急遽予定を繰り上げた。二月十六日に大蔵省の中枢部が間借りしていた勧銀ビルの五階に各省の総務局長を集めて、私からその内容を発表し、翌十七日「金融緊急措置令」を公布した。(1)

このときはずいぶん緊張した。特に、他省庁の「モノの面からのインフレ防圧策」はすでに出そろっている。それだけに大蔵省の立場は、とどめの一手という役どころだった。本当に「皇国の興廃この一戦に在り」といった気持ちだった。これができたのは渋沢さんが大臣だったからで、さきの軍票阻止のときの津島さんといい、二代にわたっていい大蔵大臣に恵まれたことは、日本国のために大変よかったし、同時に私にとっては極めて頑張りがいがあった。

金融緊急措置のあと

金融緊急措置が発表された二月十六日の夜渋沢蔵相はラジオを通じて「徹底した、見ようによっては乱暴な策ではあるが、悪性インフレーションという、重い、生命にもかかわるような病気を治すためである」と国民に理解と協力を訴えた。日本経済全体に大網をかぶせる仕事だから、網をかぶせたはいいが、そのために日本経済が窒息してしまったのでは話にならない。私は、どうしたらうまく機能するかの一点に全力を傾けた。幸いなことに、政府はインフレ防圧と食糧の確保という二つの目的を達成しようとする機運にあふれていたところへ、大蔵省の中堅とそれを補佐するスタッフが優秀だった。

後に銀行局長になった河野通一銀行課長とそれを補佐する福田久男君。福田君は、細かいところによく気がついた。政治的に動ける人では、やはり後に銀行局長になった大月高《たかし》君。これらの人たちは、経済が硬直化しないように、巧みに、しかも計画的に、大網に風穴をあける工夫をした。例えば、銀行局の中に監査課という部門を新設し、そこで企業にとって本当に必要な事業資金については、封鎖されている預金の中から現金化することを許可するというシステムをつくった。事業資金引き出しの許可制度を始めたといってもよい。

しかし、規則はつくったものの、個々の企業にとってどこまで本当に必要な事業資金なのかの判断は難しい。この許可を求めて全国から人が集まってきて、大蔵省銀行局の廊下に列をなした。泊り込みもあれば、行列が大蔵省の外まではみ出したこともある。それをたった一つの課でさばくのだから、大変だ。短期間に課長が過労で三、四人交代した。押し掛けて来た人たちのイライラが高じて、職員に対する暴行事件も多発した。そのころ、なぐられなかった監査課長は一人もいない。中には次官室の入り口に、サラシの腹巻きをまいただけで坐り込んだすごい人まで出た。だれもが、生き抜くために必死な時代だった。

戦時債務の処理は、預金封鎖、財産税徴収と三者一体として実施する考えだったが、GHQの意向で戦時補償打ち切りの方針が決まったのは、二十一年五月に幣原内閣に代わって第一次吉田内閣になり、石橋湛山氏が蔵相になってからである。石橋さんはもともと、経済の原則に反するということで打ち切りに反対の論陣を展開していただけに、それの実行を決める役回りになったのだからよほど悔しかったようだ。

国会で関係法案の趣旨説明をするときなど、あの豪傑が泣きながらやっていた。打ち切りの断行を迫った米国に対し、また占領軍に対しかなり厳しい言葉で批判していたから、翌年五月に公職追放になったときは、それがたたったのではないか、とも受け取られたようだ。

金融緊急措置は、なによりも食糧の確保が最大の理由だった。買いだめをやめさせるためには消費購買力を抑えるにしかず、という考え方である。幸いマスコミは概して好意的に受け入れてくれた。金融機関も預金の引き出しがさらに進めば、取り付け騒ぎも起こりかねないと心配していたから、これも歓迎してくれた。

問題は実物経済、つまり産業活動が困り切ったということである。その影響は政治活動にまで波及した。

こんなこともあった。私が官房長から銀行局長になった直後の四六(昭和二十一)年七月ごろのことである。私の世田谷区野沢の家に吉田首相から直接電話がかかってきた。「福田君、急ですまないが、そちらに秘書官の福田篤泰君(のち衆議院議員)を迎えにやるから、至急官邸に来てくれ」と言われる。間もなく福田秘書官がやってきて「えらく大事なことを頼みたいらしいよ」と言う。

いまでもハッキリ覚えているが、私が首相官邸の総理大臣室に入ると、吉田さんが葉巻をくわえて、暖炉の前を行ったり来たりしていたが、すぐやめた。「福田君、政治にはカネがかかるもんだ。近く総選挙をしなければならないからカネがいるんだよ」。そんな話をしたあと、「いまの話とは関係ないが、ぜひ会って話を聞いてもらいたい人がいるんだ」と言う。

そうしたら別室で待機していた人が入ってきて、「私は、建設会社の社長です」と自己紹介をした。吉田さんが「この人の事業資金の封鎖を解除してもらいたいんだよ」と言われるので「では、別室で話を聞いてみましょう」と答えたら、吉田さんニコニコして「頼むよ」。

話を聞いてみると、とりたてて首相や銀行局長に頼まなくてもいい問題だった。「念のため、銀行局の窓口である監査課長の方に回しておきます」と言ったら、えらく感謝された。

事業資金の封鎖解除も、難しい問題になると首相でも私のところに相談があったわけで、おかげで私は吉田さんの政治資金調達源の一端を知ることができた。どの企業でも、どんな場合に事業資金を引き出せるかで血眼になっていた時代だった。

銀行局長になる

金融緊急措置をとって四ヵ月後の一九四六(昭和二十一)年七月に、私は官房長から銀行局長に転じた。銀行局長になって考えたことは、せっかく預金封鎖という非常手段をとり通貨を収縮させてインフレの勢いを止めようというのだから、それを再燃させてはならないという一点に尽きた。

預金封鎖によって回収された日銀券は、昭和二十一年二月の最高発行高の八〇％にも達した。しかし、すぐに膨脹し始め、一方、生産は期待通りに回復せず、ヤミ価格が上昇しつつあった。私は貯蓄増強運動を提案したが、環境としてはやりにくい時期だった。

日本政府は長年にわたり、いかなる場合でも通貨流通の自由は保障します、断じてこれを管理、統制することはいたしません、ということでやってきた。だから、終戦直後に津島蔵相が最も力を入れたのは、先に述べたように進駐軍の軍票使用を阻止することと、通貨流通の自由を保障すること、の二点だった。

ところがその半年後に、預金を封鎖してしまった。政府の約束に対する信頼が薄れたのは当然で、そのため新円が再び封鎖されて「新々円」に切り替えられるのではないか、という不安も生じてきた。「新々円のお札が米国で印刷されている」「新紙幣を積んだ船がハワイまで来た」「横浜には、何月何日に到着する」といった、根も葉もないうわさが飛んで、いい加減うんざりしたが、カネをモノに換えるとか貯蓄を控えるといった動きが出てきた。これではいままでの苦労が無駄になるというので、貯蓄思想の再建を目指すことにした。

環境はよくないが、志を曲げるわけにはいかない。貯蓄によってのみ日本は救われる、再建できる、と私どもは悲壮な決意を持っていた。運動の名称も「救国貯蓄運動」と名付けた。そこでまず、日本銀行に「通貨安定委員会」を設けてもらい、「救国貯蓄運動」と書いた横断幕や、垂れ幕を各金融機関に出してもらった。

帝国議会の各党にも働きかけたところ、共産党を除く各党がみんな賛成してくれた。そこで衆議院に、各党から役員が参加する形の「通貨安定対策本部」ができた。自由党の葉梨新五郎氏（茨城県選出）が会長に就任して意見をまとめてくれた。

私は貯蓄増強のため、衆議院の通貨安定対策本部の人たちと全国を講演して回った。

日銀とは別行動で、毎週土曜、日曜のほかウィーク・デーでも出掛けた。だから私は〝辻立ち〟の家元といえる。このとき苦労したのは汽車に乗ることで、終戦直後の混乱期だったから、さすがに窓から乗り込むというところまではいかなかったが、並大抵ではなかった。

汽車がコメどころにさしかかると、乗客が一斉にザワめき立つ。何かと思っていると、ズダ袋に入れて運んできたヤミ米を窓から中に放り込んでいる。それを、中にいる人に受け取ってもらうわけだ。コメどころではヤミ物資摘発の臨検が頻繁なので、それをかいくぐる手段なのだ。新潟、富山、石川といったコメどころを走る北陸線などでは、しょっちゅう騒いでいた。

これは余談だが、議会の対策本部の幹事役だった葉梨さんは貯蓄推進によって日銀にもいろいろ縁ができ、後に一万田《いちまんだ》尚登《ひさと》氏が政界入りするときにはずいぶん分骨を折られた。一万田さんは、上の人たちが公職追放になったため、昭和二十一年六月に大阪支店長から第十八代日銀総裁に就任し、以来八年七カ月にわたって日銀に君臨、法王の異名をとった人である。

第二次吉田内閣当時、大蔵大臣の泉山三六氏が例のキス事件で辞任したあと、後任をだれにするかということになり、吉田さんは一万田さんに目をつけた。これは私の想像だが、その知恵をつけたのは葉梨さんだったと思う。

吉田さんは一万田さんに、副総理兼大蔵大臣兼経済安定本部総務長官（現在の経済企画庁長官）兼自由党副総裁という超厚遇の条件で入閣を求めたのだが、一万田さんは「相談したい人がいるから」と言って即答を避けた。吉田さんは、てっきり池田成彬《せいひん》氏のところへ行くと思ったらしいが、実際はGHQの経済科学局長だったウィリアム・F・マーカット少将のところへ行った。吉田さんは「外国人に相談するとは何事か」と大いに立腹して、この話はご破算になったそうだ。これは、当時の情報通の人の話だ。

それはともかく、国会や大蔵省、日銀の努力で国民の貯蓄意識はかなり盛り上がったと思う。こうした機運を背景に、無記名の定期預金制度をつくった。実現したのは一九四七（昭和二十二）年五月だが、初め大蔵省の中では主税局が抵抗した。

最終的には事務次官の池田勇人氏に談じ込んで陽の目を見た。一般に預金者心理としては税務調査を恐れるわけだから、貯蓄推進運動をするとなれば、どうしてもこの制度が必要となる。私は「これができるかできないかが、勝負の分かれ目になる」と言って説得した。

日本の社会制度の維持

戦後の日本経済復興のために鉄鋼、石炭の増産に重点を置く「傾斜生産方式」構想が政策化されたのは、金融緊急措置の七、八カ月後だった。だが、先行する金融緊急措置の中での企業の事業資金については、その種の配慮がずっと働いていた。いわば「傾斜金融」の考え方である。そうした視点を生かしながら、事業資金については二十二年七月に自由支払い、つまり預金封鎖の段階的緩和への移行を決めた。といっても、最重点産業から順々に、というわけで、さらに設備資金と運転資金とを仕分けした上で金融機関の貸し出し優先順位も決めた。

こういう措置の考え方を組み立てるにあたって大きな影響力を及ぼしたのは大内兵衛先生だった。大きな思想的な原動力を大内先生がもたらし、それを大蔵官僚が具体的な政策課題としてとらえた、というのが全体の構図で、私は当時もいまも大内先生には好印象を持っている。

私は昭和五年から昭和八年まで英国ロンドンに滞在したので、第一次世界大戦後のドイツの破滅的なインフレについては多くを学んでいたが、金融緊急措置の実施にあたっては、それが必ずしも念頭にあったわけではない。金融緊急措置はGHQの命令ではなく、日本政府の自主的判断で行ったものだが、日本の戦後がともかくも第一次世界大戦後のドイツのようにならないで済んだのは、マッカーサー総司令部の威令というものが背後にあったからで、そうでなければああした大仕事はできなかったのではないか。

インフレ防止について大蔵省は、終戦直後の八月二十八日に「大蔵大臣ノ諮問ニ応ジ、インフレ防止其ノ他戦後新段階ニ対応スベキ重要ナル通貨対策ニ関シ、意見ヲ具申シ又ハ参画立案セシムル為」として政界、官界、民間の有識者を動員して「戦後通貨対策委員会」を設けた。大内先生や高橋亀吉、石橋湛山、小汀利得などの皆さんに参加していただき活発な論議をした。

ふり返ってみると、金融緊急措置とこれに続く一連の諸政策、分けても財産税は、戦後に行われた農地改革とならんで、日本の社会体制を維持したという点に最大のメリットがあった。今の日本の国民一人一人の資産分布状態をみてみると、国際比較の上では平準化している度合いが強い。

金融緊急措置を実施する際の動機付けのひとつだった財産税の徴収が、戦後経済の出発点において特に貨幣資産の均分化に役立った。また農地改革は、土地という実物資産の分配に効果をあげた。この二つの措置が行われなかったら、今日の日本経済の、安定と繁栄の基礎は築けなかったと思う。

主計局長に就任——昭電疑獄でぬれぎぬ

私は四七(昭和二十二)年九月、大蔵省主計局長に就任した。

この年は二月一日に予定されていた官公労の二・一ゼネストが、前日にGHQの指令で中止になり、四月二十日に第一回参議院通常選挙、二十五日に中選挙区制による衆院総選挙が行なわれ社会党が第一党となった。日本で初めての、社会党を中心とする片山哲連立内閣が成立した。十月から十二月にかけて、国家公務員法、改正刑法、警察法、改正民法などが矢つぎ早やに制定、公布され、占領下の民主主義体制化が進められた。

翌四八(昭和二十三)年になると、昭和二十二年度補正予算案の取り扱いが政局の焦点になった。公務員給与引き上げの財源としては、われわれ大蔵省は鉄道運賃と郵便料金の引き上げで充てるべきだと主張したが、鈴木茂三郎衆院予算委員長ら社会党左派は猛反対した。結局、補正予算案は否決され、片山内閣は総辞職した。

この時、大蔵省が財源で譲らなかったものだから、国会周辺では「福田(主計局長)が片山内閣をつぶした」と、ずいぶん言われたものだ。しかし、実はこの時、占領軍が財源についても介入し、社会党左派の修正にOKを出さなかったのである。片山内閣をつぶして、芦田内閣に持っていこうとするGHQの意向が働いていたようだ。

その芦田内閣になった四八(昭和二十三)年六月、私の人生の一大転機となった昭和電工事件が起こった。昭和電工は「復金融資」対象企業の一つで、[2]復金融資を多額に受けるため政官界に賄賂攻勢をかけたとして、大野伴睦前民主自由党幹事長、栗栖赳夫前蔵相、西尾末広副総理らが次々に逮捕され、最後には芦田均前首相逮捕にまで発展するという旧刑事訴訟法下、最大の疑獄事件となった。

贈賄側で逮捕された昭和電工の当時の社長日野原節三氏が私の一高、東大の先輩で懇意だったことから、昭和電工への融資に特別の便宜を図ったという理由で、私もこの事件に巻き込まれた。

ただし、これは検察の全くのデッチ上げであり、判決では「検事の所論は、まさにかの鷺《さぎ》をカラスと言いくるめる論法に似たものと評すべきであろうか」として、私自身の潔白は明快に証明された。

この事件も先の片山内閣総辞職と同じく、占領軍内部の思惑が色濃く出たのではないかといわれている。

（1）金融緊急措置の骨子

一、あらゆる金融機関の既存の預金を封鎖し、特定の場合以外の支払いを禁止する。自由支払いを極力限定し、原則的には封鎖したままの支払いとする。

一、旧日本銀行券（旧円）は、三月二日をもって強制通用力を失う。

一、金融機関は、三月七日まで旧円による預金または金銭信託などを受け入れる（のちに、三月九日まで延長）。

一、三月三日午前零時現在で国民の財産を調査し、財産税の算定日とする。

一、封鎖預金から生活費として引き出せる限度は、月額、世帯主三〇〇円、世帯員一〇〇円程度とする。月給支払いも五〇〇円までを現金、残りを封鎖預金で支払う。

一、「五〇〇円生活」という新円経済生活の基準として物価統制を実施する。

（2）復金＝復興金融公庫の略。終戦直後の荒廃した産業を建て直すため、国が対象企業を指定して国庫から特別融資を行った。

第三部　戦後政治の軌跡

――保守合同から党風刷新運動へ――

1　無所属で二回当選

初めての総選挙

私は一九五〇(昭和二十五)年十一月に大蔵省を辞めたあと、しばらくはいわば浪人の身だった。前年の四九(昭和二十四)年一月に第三次吉田内閣の下で総選挙が行われ、私の一高時代の級友だった遠藤三郎(静岡一区、元建設相)、前尾繁三郎(京都二区、元衆院議長)両氏らが政界に出てきたので、私も政界進出への刺激を受けた。

もともと私の家は祖父、父、兄と三代続けて郷里・群馬県群馬郡金古町(現・群馬町)の町長をしていたので、私も幼いころから政治には興味を持っていた。

兄の平四郎も私を代議士に推し立てようとしていたし、大蔵省を辞めたあとは母が

「大蔵省であそこまでいったのだから、これからは政界に出るのもいいのではないか」というような話をしていた。そこで、政界進出について各方面にいろいろな打診を始めた。

　当時の内外情勢は、まだ戦後の混乱が尾を引いて騒然としていた。四九(昭和二十四)年七月には下山、三鷹、松川事件が相次いで起き、この年十月一日には中華人民共和国(主席・毛沢東)が成立した。

　五〇(昭和二十五)年三月には自由党(吉田茂総裁)、四月には国民民主党(最高委員苫米地《とまべち》義三氏ら七人)がそれぞれ発足し、六月には朝鮮動乱が勃発、七月からレッド・パージが始まった。十二月には、池田通産相の「貧乏人は麦を食え」「中小企業で三人や五人の倒産や自殺者が出ても仕方がない」という発言が飛び出した。

　私が衆院選挙出馬の決意をしたのは、五〇(昭和二十五)年の夏ごろだった。

　五一(昭和二十六)年に入ると、三月にアレン・ダレス特使が対日講和条約の草案を発表、六月にはダグラス・マッカーサー連合軍最高総司令官が解任され、九月には講和条約と安保条約の調印、十月に入って社会党が分裂するなど戦後の混乱、激動が続いていた。

その頃、私が接触を持っていた政界人は、自由党では広川弘禅、石橋湛山、民主党では芦田均、竹田儀一、社会党の鈴木茂三郎の諸氏で、ほかに日銀総裁だった一万田尚登、泉山三六氏らがいた。

なかでも広川さんとは非常にねんごろに付き合っていた。広川さんの侍医で威風堂々、気骨並々ならざる大変な豪傑がいて、その人が私の郷里の又従兄弟という関係にあり、それがまた政治好きで、政界の内幕に詳しかった。

広川さんの住居が世田谷の三宿《みしゆく》、私は野沢なので、侍医さんは広川さんの家へ来た帰りに私のところへ寄って脈を診たり、また私から官界や財界の情報を仕入れて広川さんに伝えるといった具合だった。

彼が、いわば私と広川さんのパイプ役だった。私も広川さんの〝朝飯会〟にちょいちょい招かれた。お粥の朝飯で、仏様を拝んでから食事になり、済むとまた拝む。広川さんは私に行財政関係のことについて意見を求め、「ここでひとつ思い切った改革をやろうか」「改革案を書いてくれ」とか、ずいぶん打ち明けた話をされた。

石橋湛山さんは、私が大蔵省官房長の時に大蔵大臣に就任された。終戦直後のことなので、官房長は大臣の住居から食事の世話まで気を遣わなければならず、石橋さんはあとあとまで私に「大変、世話になった」という感じを持っておられたようだ。その後、私は銀行局長、主計局長になり、そういう職務上からも一層懇意になった。

芦田均さんは私が主計局長の時の首相で、鈴木茂三郎さんは衆院予算委員長だった。竹田儀一さんは与党・民主党の幹事長で、大蔵大臣はだれにするかなど閣僚の人事まで私に相談に来られた。

泉山三六さんは三井銀行の出身で、私は大蔵省時代からお付き合いがあった。四八(昭和二十三)年ごろだったと思うが、まだ浪人中の泉山さんから電話があり、「こんど大蔵大臣になりそうなのだ。ついては、大蔵省といっても何も知らないので、いろいろ教えてくれよ」というお話なので、大蔵省の運営や財政の話をずいぶんして差し上げた。

実際に大蔵大臣になったのは泉山さんが四九(昭和二十四)年の総選挙で代議士に初当選してからだが、あの山下春江議員へのキス事件によって短期間で大臣の座を棒に振ってしまった。この時、私が東京・広尾にあった泉山邸に駆けつけて「どうしたんですか」と聞いたら、「酔顔朦朧《すいがんもうろう》」「酔顔朦朧」と何枚も書いているところだった。先生は書の大家だった。

そうした中で、私は政界入りの意思を固めていった。しかし、私には選挙のための地盤も資金も特になかった。いわば徒手空拳だった、と言ってもよい。強いて地盤といえば、高崎中学の同窓の人たちと生まれ故郷金古《かねこ》町の人たちだった。祖父の代から町長を務めていたこともあり、金古町の人たちが選挙運動の中核だった。皆さんが自転車に乗り、手弁当で県内を歩き回ってくれた。

五一(昭和二十六)年に入ってから高崎市内に「福田経済研究会」を設立し、私が会長になって本格的な組織づくりに乗り出した。選挙区の各地で十人から二、三十人ぐらいを集めて経済についてのミニ講演会を開くのだが、私は世界の大勢と日本経済の再建について真剣に話をした。回を重ねるごとに要領を覚え、選挙区内を漏れなく回ったほかに、他府県からも講演を頼まれるようになった。

困ったのは会合の度に酒を出されることで、怪しげな酒を一日に四、五回も飲まなくてはならない。しかも、盃が「兵隊盃」といわれる大きなものなので、秘書の市村健一君に上手に助けてもらった。

そうこうしているうちに、五二（昭和二十七）年八月二十三日のいわゆる抜き打ち解散でいよいよ総選挙に突入した。私には共産党を除く自由、改進、社会の各党から入党のお誘いがあり、また自由、改進の両党からは資金の提供もあった。しかし、私はそうしたカネにはいっさい手をつけず、総選挙が終わった後にみな返却した。

私がどの党のお誘いもお断りして無所属で立候補したのは、戦後の経済再建の方策について当時の政府、政党と意見を異にしていたからである。つまり、それまでは占領軍に任せていた日本経済の舵取りを、これからは自主的にやっていかなくてはならない。強力な力を持つ占領軍に頼るという考え方から完全に脱却した政治体制が必要である、という見地に立っていたわけだ。

そこで、立候補に当たって私は二つの大きな旗を掲げた。一つは「日本経済の復興」、もう一つは「政界の刷新」であった。この二つは単なるうたい文句ではなくて、実際にそういう政治目標を実現しようと考えた。

敗戦後の日本経済の復興は、まず農村と中小企業の振興から出発しなければならない。

富士山を築くには裾野からつくらなければならないが、その裾野とは農村である。農村がよくなれば、町の中小企業が育つ。そうなれば、中腹に地方都市が自然に繁栄する。頂上には大企業が生まれてくる、というわけである。

当時のように大企業の育成だけに着目する行き方は順序が逆であり、間違っていると考えた。また、私は貯蓄増強の必要を説いた。地元の古老の中には「私たちは暮しにゆとりがなく、やっとこさ生きているのに、福田先生は『貯蓄せい、貯蓄せい』とおっしゃるので、選挙運動がやりにくくてしょうがない」とこぼす人がいたようだが、ずいぶん受けたことも受けた。

選挙が終盤戦に入ってから思いがけないハプニングが起きた。投票五日前に、私の兄が急死したことである。兄は町長だったこともあり、顔も広く、私はもとより陣営全体としても大変なショックであった。

光栄ある一議席

五二(昭和二十七)年の十月一日に第二十五回総選挙の投票が行われて、私は定員四名のうち第二位で当選した。同じ群馬三区からの当選者は改進党の中曽根康弘、左派社会党の武藤運十郎、自由党の木暮武太夫の三氏だった。

この直後の私のことを、十月五日付毎日新聞夕刊が「新人旧人」のコーナーで、那須良輔氏の漫画入りで次のように紹介した。

第25回総選挙に無所属で出馬，初当選

「当選して東京の自宅に帰ったら朝からひっきりなしの電話。吉田派、鳩山派さらに改進党からの抱き込みである。保守系無所属だから当然のモテ方だ。だが本人は今国会中無所属で通し天下の形勢、政党の離合を小手をかざして眺めているという。

「池田君のとこだけは、大蔵省の先輩としてあいさつしてきました。

彼がね『君はもうオレの方に入れているんだから。頼むぜ』と言ったんで、いや、ぼくは福田財政を実行するつもりだからそう簡単に動けないよ、と答えてきた」。

初耳の福田財政とはどういうものなのかときいたら、

「池田財政でも石橋財政でも要するに和田博雄以来の傾斜生産方式ですよ。いわば上部から固めていこうというやり方。福田財政はこれと反対に農村中小企業等の広い下部機構を育てていって上に及ぼすというんだ」。

あんまり辻ツマの合いそうもない理論のようだが、役人をやめてから苦労のし通しだったので大衆の耳に入りやすい話のコツは身につけたらしい。主計局長で次官を目の前にしながら昭電事件にひっかかり、それから怪しげな研究会を作ってこつこつ選挙の準備をはじめた。今度の選挙は彼としては生死をかけたものだったんだろうが、もともと深刻ぶることのできない男なので何を話すにも淡々としている。しかし上州人らしいシンの強さと叩きこんだ財政知識とは今後の政界でモノをいうんだろう。大蔵官僚出として将来池田蔵相のライバルとなり得るのは恐らくこの男と浜田幸雄、迫水久常などであろう」。

当選後いちばん先に私のところへ電話をかけてきたのは社会党の鈴木茂三郎氏である。「西尾末広に会ってくれ」というので、院内で西尾さんに会った。「鈴木君からも話しておるそうだが、わが党ではあなたの大蔵大臣を約束する。だから、わが党に入ってもらいたい」という話だった。

その次が芦田均氏、三番目に当時自由党幹事長だった池田勇人氏であった。池田さんは大蔵省の先輩ということもあり、私からあいさつに行った唯一の人物だが、「難しいところを当選してよかったな」と普通のあいさつをしたあと、いきなり「無所属ではカネがかかって大変だったろうな」と切り出してきた。

「いや、カネは全部清算済みだ。赤字も出さずにすんだ」と答えると「いや、君、選挙というのは選挙中にもカネがかかるけれども、選挙後の清算が厄介だ。選挙にかかった倍ぐらい、かかるんじゃないかな」と何か渡しそうになった。

要するにカネを出すから自由党に入れ、ということである。私は「清算は済んでいるし、今後の備えもちゃんとしているから入党の考えはない」と返事をして早々に別れた。

当時の国会には大蔵省出身者が参議院を入れて二十四人いたが、そのうち吉田自由党に属する者が二十三名、属せざる者は福田赳夫ただ一名であった。大蔵省出身者は昭和二十四年と二十七年の総選挙で当選してきた人たちが多かったようだが、みんな池田さんの世話になったのだろう。とにかく、私は光栄ある一議席であった。

緒方竹虎氏からも入党を勧められた。緒方さんとはそれまで面識がなかったのだが、選挙中に群馬にやってきて、私の応援演説までしてくれた。当選後、入党させようという魂胆があったのだろう。

カネといえば、三木武夫氏についてこんなことがあった。総選挙が済んで二、三カ月たったころ、足利銀行高崎支店から「福田赳夫先生と直々にお話したい」という電話があった。「改進党幹事長三木武夫という人から、選挙中に先生に送金がありました。それを先生は取りにいらっしゃいませんが、どうなさいますか」という内容だった。私は「三木さんという人とは関係がありませんから、お受けするわけにはいきません。おたくの方が三木さんとご相談の上、しかるべく処理願います。私は受け取りません」と返事をしておいた。その後、金は三木さんに返されたようだ。

この初当選後、私は連続十四回当選した。五八（昭和三十三）年選挙でトップ当選を果たしてからは、九〇（平成二）年二月の総選挙で長男康夫に譲るまで、ただ一回を除きトップの座を維持させてもらった。

無所属クラブのころ

前年の九月八日にサンフランシスコ講和条約が調印され、わが国は一九五二（昭和二十七）年四月からは名実ともに独立国・日本となった。独立国・日本となったからにはそれにふさわしい新たな体制を構築しなければならない、そういうタイミングであった。

このとき無所属で出てきた人は全部で十八人おり、この十八人で「無所属クラブ」を結成した。メンバーは、戦時中の有名人というか近衛内閣で大変な存在だった風見章氏、外務大臣を務め後に都知事選にも出た有田八郎氏、「辻参謀」で有名な辻政信氏、外務省の反主流チャンピオンだった大橋忠一氏、変わった人では「日本人民党総裁」の只野直三郎氏ら大物ばかりだった。それに、長く私の同志だった新聞記者出身の坊秀男氏もメンバーの一員であった。

武知勇記氏が幹事長役、私は政策担当で予算委員会と大蔵委員会に所属した。当時、与党自由党内は吉田派と鳩山派の分裂状態で、重要案件の採決はスリリングなものとなり、キャスチングボートは常に私たち無所属クラブの手にあった。大蔵委員会の本会議報告を、無所属の私がやったこともある。

みんな同じような考え方を持っていたのだろうと思うが、熱心に、政界を一体どうしたらよいかという話をしていた。

十一月二十七日には池田通産相が、前述のように「中小企業者の三人や五人が自殺してもやむを得ない」と放言したため衆院本会議で不信任案をつきつけられ、自由党内の鳩山民同派二十五人の欠席と無所属クラブのほとんどの賛成投票で可決された。二〇八対二〇一という七票差だったから、われわれの賛成がなければ池田さんは助かったわけである。

この時、無所属クラブ十八人は最初そろって棄権でいこうと申し合わせていたのだが、「池田勇人通産大臣不信任決議案」の趣旨説明や賛成討論を聞いているうちに、議場内でごそごそ動きが出てきた。辻政信氏が「池田はけしからん。これを無言で通すわけにはいかん」「不信任案に賛成しようじゃないか」と言い出して、無所属クラブ全員の席を回って歩く。議場内だから議論をするわけにはいかない。結局、無所属クラブは対応がばらばらになり、不信任案が通ってしまった。

実は、採決の前に大平正芳氏が私を訪ねてきて「無所属クラブは不信任案に反対してほしい」と言うものだから、「私は、そのつもりだよ。採決になったら、議場から引き揚げちゃおうと思ってるんだ」と答えていた。

結局、私自身はよく考えて棄権したのだけれど、無所属クラブの多数の者は賛成に回ったということになり、池田さんは「福田君はうそをついた。(無所属クラブの他の)連中をそそのかしたのは、福田赳夫だ」と大変怒ったらしい。そう思われても仕方のない環境はあったわけだ。

当時、無所属クラブとしては機を見て在来の政党に解散を要求しようということになり、「政界刷新のためには、いまのような政党乱立は好ましくない。各党は解党して出直すべきだ」という内容の「解党要請決議案」を準備しておった。ところが、いよいよ発表という寸前になって、五三(昭和二十八)年三月、いわゆるバカヤロー解散になった。

初当選後五ヵ月しかたっていなかった。

せっかく当選したのに、議席を温めること僅か半年足らずだったわけだ。解散が決まった直後、武知さんが「別れの杯を交わそう」というので、皆で乾杯したところ中身は酒でなく水である。「どういうことなんだ」と言ったら、武知さんが「福田さん、いや皆さん、無所属で二回当選するなんていうのは本当に難しいことです。恐らくここで再び皆さんと会うというようなことはできないんじゃないかと思う。別れの杯ということで、水杯にしたのです」という。実際、無所属のまま再選されたのは僅か四人だけだった。

国会に戻ってしばらくすると、やはり再選組の有田八郎氏が「福田君、四人では仕事にならんな。ひとつ一緒に社会党に入ろうよ」とずいぶん熱心に勧誘された。だが、有田さんは同時に吉田茂さんからも勧誘を受けていた。吉田さんは私にもしつっこくいろいろ言ってきた。吉田さんは私に手紙をよこし、二度目の当選のお祝いとともに、「自由党に入って活躍してもらいたい」と求められたが、私は吉田さんと有田さんのお誘いをお断りして、引き続き無所属にいることにした。

そのうちに岸信介氏の動きに関心をひかれるようになった。岸さんは戦前も勇名を馳《は》せていたが、追放解除になるや抜き打ち解散前に「日本再建連盟」を結成した。そしてバカヤロー解散で政界に復帰し、自由党に所属していながら新党結成の構想を練っていた。私は岸さんの政治活動のお手伝いをしようと思い、一九五三(昭和二十八)年十二月、自由党に入党した。

岸信介氏との出会い

私が岸さんに初めてお目にかかったのは、四九(昭和二十四)年の初頭である。岸さんは、前年の十二月末に巣鴨刑務所を出所しているから、それから間もなくだったことになる。

私の親友に日本興業銀行の重役だった二宮善基という人がいた。昭電事件で興銀を辞めたが、岸さんと懇意だったので、私と岸さんを新橋の料亭でごちそうしてくれた。それがきっかけでその後、年に二、三回、岸さんと碁を打ちながら会食するという機会を持つようになった。碁は岸さんの方が二目ぐらい強かった。

再建連盟の考え方は、占領が解除された日本の政治責任は既成政党ではなく、新党によって果たされるべきだ、というものだった。ただ、岸さんは弟の佐藤栄作氏のおぜん立てで私より一足早く自由党に入り、党の中で新党結成を志していた。

私が岸さんの政治理念に共鳴したのは、小選挙区制で二大政党が交代して政権を担当するようにしようという点である。前にも述べたが、私はロンドン駐在中に英国の政党政治の運営を目のあたりにして強い感銘を受けた。以来、日本の政党政治は英国を手本とすべきだと考えていたのだが、奇しくも岸さんも同じ考えを持っておられたのである。

2　保守合同

日本民主党の結成

バカヤロー解散による総選挙は五三(昭和二十八)年四月十九日に行われ、自由一九九、鳩山自由三五、改進七六、右社六六、左社七二、労農五、共産一、諸派一、無所属一一という勢力分野になった。広川弘禅氏は落選した。

自由党は第一党になったものの過半数を大きく下回ったため、以後多数派工作に狂奔することとなる。それは保守勢力の結集による政局の安定とは程遠い、吉田政権の延命工作に過ぎなかった。多数派工作の目標は改進党に向けられ、吉田さんと重光葵《しげみつまもる》改進党総裁との会談を経て改進党の閣外協力の約束を取りつけ、ようやく第五次吉田内閣が自由党単独内閣として発足した。

次の目標は、バカヤロー解散を機に分裂した鳩山自由党の復党である。この年の十一月に、鳩山氏ら二十一名が復党した。これで政局は一応小康状態を得たように見えたが、翌年正月から保守政界の屋台骨を揺るがす大爆発が起きた。造船疑獄の発覚である。

すでに前年の暮れに保全経済会の献金が明るみに出て政界の前途に暗雲をただよわせていたが、五四(昭和二十九)年に入って一月二十五日の運輸省官房長の逮捕を皮切りに、二月十六日には自由党の有田二郎氏に逮捕許諾請求が出された。二月二十八日には保全経済会との関連で児玉誉士夫氏が召喚され、三月十一日には飯野海運の俣野健輔社長が逮捕されるに及んで造船疑獄の摘発は本格化した。

四月十三日には、緒方竹虎副総理の筆になる「時局を案ずるに、政局の安定は目下爛《らん》頭《とう》の急務であって、……」という自由党声明が発表された。

このあと、検察当局は佐藤栄作自由党幹事長の逮捕状を請求したが、吉田首相が犬養健法相に命じて指揮権を発動させ、逮捕を食い止めた。

政局が重大局面を迎えるようになるにつれて、保守新党結成の動きが徐々に高まってきた。この前後、私は自由党内の新党問題懇談会の一員で、四月に自由党と改進党の同志とが新党結成促進協議会を発足させた。

私が自由党に入ったのは、政界刷新のためには自由党の中から改革した方が早道だと考えたからだが、このころから改革の方法や目標について岸さんや私たち協議会派と、緒方さんや佐藤、池田氏ら主流派との違いが次第に明らかになりつつあった。

保守勢力の結集について、緒方さんは自由、改進両党の対等合併、佐藤、池田氏らは自由党による改進党の吸収合併を考えていた。私たちは両党が解党して、自由党でも改進党でもない新保守党を結成するという主張で、佐藤、池田氏らとは次元が違っていた。私はいわば一兵卒に過ぎなかったが、新党結成の前途は容易ではないなと感じていた。

岸さんは石橋さん、芦田さんと三人組で、ねばり強く新党結成工作を進めたが、どうしても主流派との折合いがつかず、十一月八日、自由党は臨時総務会を開いて岸、石橋両氏を除名処分に付した。その時、私はほかの同志十四人とともに自由党を脱党した。赤坂の「たか井」という料亭に集まって、脱党届を鳥ノ子紙に連署したので、以来世間では私たち十五人を〝鳥ノ子組〟と称するようになった。(1)

私の当時の心境は、特に気負ったとか悲愴感溢れるといったものではなく、比較的淡々としていた。十五人のなかには三好英之氏や川島正次郎氏のように戦前から岸さんと交際があり政治家としては先輩である人たちもいたが、大部分は岸さんが戦後の政界に復帰してからのつき合いで、個人的な義理があるわけでなく、政治資金の面倒をみてもらったわけでもなかった。

ただ純粋に国家、民族の将来を憂えた結果の行動であった。しかし、岸さんは喜びかつ感激した。岸さんは後に岸内閣ができたとき「私は戦前の国務大臣とはいえ戦後の政界では一年生代議士であり、私の推進していた新党運動も、力関係で言えば少数派であった。その私と生死をともにしようと決意されたことは、一身の利害を度外視したからで、しかもその人たちが次の保守政界を担うホープたちであるだけに、私としては身の引き締まる思いがした」と述懐していたそうだ。

岸、石橋両氏の除名強行によって、自由党から鳩山派も脱党し、これに改進党、日本自由党(三木武吉派)が合体して十一月二十四日、日本民主党が結成された。

総裁鳩山一郎、幹事長岸信介、総務会長三木武吉、政調会長松村謙三の顔ぶれで、衆議院一二〇、参議院一八の勢力であった。私は政調会の筆頭副会長に就任し、護衛官や公邸の廃止、住宅対策などを打ち出した。

吉田退陣と鳩山内閣の誕生

民主党が結成されたことにより、民主党と左右両社会党で優に衆議院の過半数を制することができた。これら三派は十二月七日の衆議院本会議に、吉田内閣不信任案を上程することで意見が一致した。上程されれば、可決されることは確実な情勢だった。

当日の朝、政府・自由党の首脳たちは白金の外相公邸に集まり、解散か総辞職かを協議した。外部に伝わった話によると吉田首相、佐藤栄作、池田勇人氏らは解散論で、緒方竹虎、大野伴睦、松野鶴平氏らは総辞職論を唱えた。吉田さんは非常にねばり強く解散を主張するなど激論がたたかわされたが、結局、緒方さんたちの意見が通って、不信任案の上程を待つまでもなく総辞職することになったという。

一九四六(昭和二十一)年五月以来、途中で一年半の片山、芦田内閣時代があったけれど、六年半にわたって戦後の日本の政界に君臨してきた吉田内閣は、ここに終焉を迎えたのである。

後継首班は九日に鳩山民主党総裁が指名され、十日鳩山内閣が少数与党でありながらすんなり成立した。背景には、この内閣を選挙管理内閣とすることで野党各派との了解が成立していたからだ。このため、年が明けた五五（昭和三十）年二月二十七日に第二十七回総選挙が行われた。

新勢力分野は、民主一八五（一二四）、自由一一二（一八〇）、左社八九（七四）、右社六七（六一）、その他となり、民主、自由両党の勢力比が逆転した（カッコ内は解散時の議席数）。

この数字を見て私は、民主党と自由党との間にできた議席数の差が、自由党をして保守合同の方向に踏み切らせる原動力になるというように感じた。一方、民主党も第一党にはなったが過半数に達せず、両方の立場を考えれば保守合同は必然の流れであった。

しかし、ゴールまでの道のりは険しかった。民主党と自由党との感情的なわだかまりは簡単にとけるものではなく、民主党内でも旧改進系、鳩山側近と岸幹事長派との間に思惑の違いがあった。

四月に入って民主党の三木武吉総務会長が「保守合同のためには、鳩山内閣は総辞職してもよい。後継は、鳩山でも緒方でもいい。また吉田がいいというなら、吉田でもかまわない」という趣旨の爆弾発言をして、保守合同の進展を促した。このため、その直後の民主、自由両党幹事長・総務会長会談で合同問題が取り上げられることになった。三木武吉、大野伴睦、岸信介、石井光次郎氏の四者会談は何十回開かれたかよく分からない。

しかし、紆余曲折《うよきょくせつ》を経ながらも次第に話を煮詰め、六月になると「保守合同を目途とする政策協定を締結する」ことが両党の党議として決定され、双方十人ずつの政策委員が任命された。私は清瀬一郎政調会長以下のメンバーの一人となった。(2)

保守合同の実現

新党をつくる以上は先ず政策がなければならぬということで両党十人ずつの政策委員が話し合ったが、焦点は憲法問題をどう扱うかであった。

私の考えは、憲法は占領軍によってつくられ、特に前文に翻訳調が露骨に出ており、これをそのまま受け入れるのはどうか、というものだった。もちろん、国民主権、基本的人権の尊重、平和主義といった基本原則を堅持するにしても、とにかくわが国民の手による憲法に書き直すべきだということを主張した。中身についてはいろいろな意見があったが、結局、「現行憲法の自主的改正をはかり、また占領諸法制を再検討し、国情に即してこれが改廃を行う」という表現で、自主憲法の制定を自民党の綱領に盛り込むことにした。

党名の方は、岸信介、石井光次郎両幹事長間で、単純に双方の名前をくっつけて決まった。どちらを上にするか、で大分議論があったが、石井さんは民主党の方が数が多いから「民主自由党」でいいと遠慮されたのに対し、岸さんが「自由を先にした方が語呂がいい」と言われて「自由民主党」になったという。たいして深い意味はなかったようだ。

保守合同への動きは、十月十三日の左右両社会党の統一でピッチが早まったが、最後の難関は新党の総裁をだれにするかであった。

「公選か話し合いか」で鳩山一郎、緒方竹虎両氏のどちらにするかは四者会談でも結論が出ず、とうとう総裁は決めず、鳩山、緒方、三木武吉、大野伴睦の四氏が代行委員の体制でスタートを切ることになった。

十一月十五日、神田の中央大学講堂で自由民主党結成大会が開かれ、衆議院二九九、参議院一一八の保守安定政権が出現し、さきに統一した社会党と並んでわが国の政界は、二大政党対立時代を迎えたのである。

ここまでの経過を振り返ってみると、中心人物だった四者会談のメンバーは、心血を注ぎ、寿命を縮める思いだったと思う。

自由党の人たちにしてみれば、吉田打倒の立役者だった三木武吉、河野一郎両氏が擁した鳩山さんの傘下に入ることは、佐藤、池田両氏ならずとも釈然としないだろうし、またどの党派でもそれぞれの立場から利害打算があるのは当然である。

こういう感情的、派閥的対立が激しくぶつかり合い、保守合同後も尾を引いたが、この間私はだれにも好悪の感情をあまり持たなかった。私は傍観者でいたわけではなく、特に〝鳥ノ子組〟とは一心同体となって岸さんのお手伝いをしたが、改進党の松村・三木一派を嫌う岸さんのような気持ちになったことはなかった。大体、私が改進党で懇意にしていたのは千葉三郎さんぐらいで、ほかの人はほとんど知らなかったからだろう。

(1) 〃鳥ノ子組〃＝(衆議院)大村清一、南条徳男、川島正次郎、武知勇記、遠藤三郎、岡本忠雄、小笠公韶、坊秀男、福田赳夫、藤枝泉介、永田亮一、田中龍夫、田中好、赤城宗徳、(参議院)三好英之

(2) 政策委員氏名

民主党＝清瀬一郎(政調会長)、三浦一雄、中村梅吉、宮沢胤勇、福田赳夫、千葉三郎、井出一太郎、早川崇、須磨弥吉郎(以上、衆議院)。堀木鎌三(参議院)。

自由党＝水田三喜男(政調会長)、塚田十一郎、船田中、田中伊三次、灘尾弘吉、小坂善太郎、周東英雄(以上、衆議院)。中川以良、青木一男、郡祐一(以上、参議院)。

3　一九五六年の総裁公選

鳩山首相の引退

自由民主党の発足に伴い鳩山内閣は一九五五(昭和三十)年十一月二十一日に総辞職し、翌二十二日に召集された臨時国会で鳩山さんが首班に指名され第三次鳩山内閣が成立した。なにぶん、出来たてホヤホヤの寄り合い所帯の上に党首も決まっていなかったので、閣僚ポストの配分でもめたけれど、私には関心がなかった。

党内では、既に鳩山一郎か緒方竹虎かの総裁争いが始まっていた。五六(昭和三十一)年四月に党大会を開いて公選することになっていたので、緊張も高まりつつあった。

私は、公選になったらどっちが勝つか分からないという意味では興味があったが、その程度のものだった。しかし、総裁問題は急転直下ケリがついた。五六(昭和三十一)年一月二十八日、緒方さんが東京・五反田の自宅で冠状動脈障害で突然、亡くなられたのである。これで〝鳩山総裁〟は本決まりも同然になった。

このあと四月五日に日比谷公会堂で開かれた自民党臨時党大会では、鳩山一郎氏三九四票に対し、無効票七六、その他一九、合計九五票の反鳩山票が出た。無効票は「緒方氏追悼票」で、保守合同の後遺症を示すものだった。その他の中に岸信介氏の名があったので、「鳩山さんの次は岸さん」という声がチラホラ聞かれるようになった。

鳩山さんは前年から日ソ国交回復交渉に取り組んでおられたが、交渉は領土問題が壁になって、この年の三月に中断していた。四月に河野一郎農相が訪ソして、七月から交渉を再開することになり重光外相が首席全権に任命されてモスクワに行ったが、これも領土問題で行き詰まってしまった。とうとう鳩山首相が病軀《びょうく》をおして自らモスクワに乗りこみ、十月十九日ブルガーニン首相との間で「日ソ共同宣言」に調印、日ソ間の国交が回復することになった。

しかし、ここまでくる過程で佐藤栄作、池田勇人両氏ら旧自由党吉田派を中心とする反鳩山連合軍は、「時局懇談会」の看板を掲げて党の分裂を招きかねないほどの動きを見せた。この背景には、明らかに鳩山首相を日ソ交渉妥結を花道として引退させようという含みがあった。

十一月に入って鳩山さんは、こんどの国会で日ソ共同宣言が批准されれば引退する、との意向を表明した。鳩山さんはその後、回顧録の中で「モスクワに入って、日ソ交渉を果たし終えたならば引退しよう。これが私の念願だった……私の心はまったく満ち足りて、思い残すところはなかった」と述べておられる。

石橋・岸・石井三氏の決戦に突入

当時自民党内には七個師団三連隊などと呼ばれる派閥があった。池田、佐藤、石井、大野、三木・松村、河野、岸の七個師団、石橋、大麻、鳩山(直系)の三連隊である。まさに派閥乱立状態だったが、これらは厳密な区分ではなく、各派にまたがる去就不明組も少なくなかったから、鳩山さんの後継総裁をめぐる多数派工作は熾烈《しれつ》を極めた。総裁選挙のカギは、これら各派の合従連衡《がっしょうれんこう》と去就不明組および各都道府県選出の地方代議員の争奪にかかっていた。地方から出てくる代議員にはマン・ツー・マンで担当者を決め、横浜から列車に同乗して宿舎に同行、隣の部屋に泊まって監視するといった具合だ。

総裁選には岸信介、石橋湛山、石井光次郎の三氏が立候補し、岸派では川島正次郎、南条徳男、武知勇記氏らが参謀格だった。私は遠藤三郎、田中龍夫氏らとともに東奔西走、一生懸命に働いた。

一九五六（昭和三十一）年十二月十四日に東京・大手町のサンケイホールで党大会が開かれ、一回目の投票では岸、佐藤、河野派などの支援を受けた岸さんが二二三、石橋氏一五一、石井氏一三七で、岸さんは第一位だったが過半数に僅かに足りなかった。

そして決選投票では、有名な二、三位連合で石橋二五八、岸二五一の七票差となり、岸さんは敗れた。この逆転勝利によって石橋湛山新総裁が誕生、石橋内閣が発足することになった。

私はこの結果を残念に思ったが、岸政権は早晩実現するという見通しを強めた。それは、衆議院の半分以上の票が岸さんに投ぜられたからである。わが国の憲法では衆議院が参議院に対し首班指名と条約、予算の承認について断然たる優位に立っている。衆議院を制することで、政権獲得は可能である。

石橋さんの組閣は難航したけれど、私には興味がなかった。私は政調副会長に就任し、政策の勉強に力を入れることにした。

岸内閣の誕生

石橋政権の主流派は池田、三木両派で、少数派だった。石橋内閣は年明けに昭和三十二年度予算案の編成に着手したものの、池田蔵相が一千億減税の見返りに消費者米価の引き上げを織り込んだため党の反発を買い、党三役と大野伴睦、河野一郎、石井光次郎、川島正次郎四氏との会議で消費者米価の据え置きを決めてしまった。いったん閣議決定したものを、与党がひっくり返してしまったのである。

このような時期に、石橋首相が倒れた。総裁公選、組閣、真冬の全国遊説と息継ぐ間もない重労働に、心身ともに疲れ切ったのだろう。一月三十日には通常国会が再開されるので、外務大臣として入閣していた岸さんを臨時首相代理に指名し、病気の回復に努めたが、二月二十三日になって内閣総辞職のやむなきに至った。就任後わずか六十五日での病気退陣だった。後継首班には、岸さんが指名された。こんどは、すんなり決まった。

世銀などの三億ドル借款に成功

廃墟と化した日本経済は、先に述べたように敗戦直後に津島寿一、渋沢敬三と二人の優れた大蔵大臣を迎え得たこと、アメリカがジョセフ・M・ドッジ、カール・S・シャウプ両氏のような有能なアドバイザーを送り込んできたこと、東西両陣営の対立激化のもとで米軍主導の占領政策が何かとわが国に好意的であったこと等々によって、ようやく復興への体制が整ったが、これを決定的なものとしたのは一九五〇(昭和二十五)年に勃発した朝鮮戦争である。

朝鮮戦争によって日本経済はにわかに活況を呈し、世に「神武景気」「特需景気」と謳《おう》歌《か》される時代を現出した。しかし、好事続かず、やがて反動不況がやってきた。

昭和三十年代になると「神武景気」の置土産として外貨が窮迫し、外貨保有高は三十二年末で五億ドルに落ち込んだ。日々の貿易の決済にも事欠く始末である。不況打開の

岸首相訪米に随行．羽田空港にて．後列左が筆者

対策も、外貨窮乏の状態下では採り得ない。不況はいよいよ深刻となり、「鍋底《なべぞこ》不況」と呼ばれるに至る。

石橋首相に代わって登場した岸首相は、五七（昭和三十二）年六月に訪米して、ドワイト・D・アイゼンハワー大統領と会談した。その際、自民党副幹事長だった私は岸首相に随行して米側との対米借款交渉に専従した。一週間ほどの滞在中に、私は首相一行とは別行動をとって、世界銀行から一億二千五百万ドル、またワシントン輸出入銀行から一億七千五百万ドル、合計三億ドルの借款受入れに成功した。今でこそ少額だが、当時の日本にとっては外貨準備の半分を占める借款を得たことになる。

この借款は「神武景気」後の「鍋底不況」からの回復に極めて効果的で、お蔭で愛知用水だとか各地発電所の建設に着工することができた。当時の財務長官ロバート・B・アンダーソン、連銀理事長ウィリアム・M・マーチン、世銀総裁ユージン・R・ブラック、輸銀総裁サミュエル・C・ウォー各氏らの日本に対する好意は、今もって忘れ得ないところである。

かくして、わが国は不況対策を打ち出すことが可能となり、やがて鍋底からのはい上がりとなって不況は克服された。それからの五年間、岸・池田両内閣時代にまたがる「岩戸景気」の出現となるのである。

4　安保改定と岸退陣

幹事長に就任

私は五八(昭和三十三)年六月に自民党の政調会長、そして五九(昭和三十四)年一月、幹事長に就任した。自民党幹事長としてまず直面した課題は、目前に迫った四月の統一地方選挙と六月の参院選であった。

保守合同と左右両派社会党が統一したあとの二大政党下初の選挙だったが、地方選挙はパーフェクト・ゲームと言ってよいほどの自民党圧勝であった。参院でも、悠々と安定過半数を確保した。幹事長の責任を果たした、と言えるだろう。

私の幹事長在任中は、安保改定に反対する動きはまだそれほど大規模ではなかった。岸内閣はすでに前年の十月に、アメリカと改定交渉を開始しており、昭和三十四年の三月に社会党や総評などが「安保改定阻止国民会議」を結成したが、目先の関心は与野党とも統一地方選挙と参院選挙にあった。

もちろん、安保改定は選挙の最大の争点であった。従って、この二つの選挙の結果を見れば民意の存するところは極めて明瞭であった、と言える。

安保改定の評価については、今日までに多くの記述がなされているが、わが国の安全を確保するため自由陣営の一員としてアメリカと提携するという国策の基本をほとんどの日本国民は当然と受け取っていたと言えよう。

また国民生活の面では、国際収支の均衡、物価の安定、雇用状態の改善という三つの目標を同時に達成し、目覚ましい経済拡大にもかかわらず景気の過熱化を防いで安定を維持することに成功した。このことも、選挙の勝因の一つと考えられる。その意味で、四月七日に最低賃金法が、九日に国民年金法が成立したことは岸内閣の業績として特筆に値すると言ってよいだろう。

このように、私は初めての幹事長として第三十一通常国会を大過なく運営したが、浅沼稲次郎社会党書記長の「アメリカ帝国主義は日中共同の敵」という演説は思い出に残る。

そのころ、わが国と中国、当時の中共との関係は、前年五月の長崎国旗事件[1]によってすべての面で中絶したが、社会党は浅沼書記長を団長とする使節団を派遣して局面を打開しようとした。浅沼氏は三月九日、北京の中国人民外交学会で演説したが、その中に「アメリカ帝国主義は日中両国人民共同の敵」というくだりがあった。

大体どこの国でも、国内では対立関係にあっても、国外では自国の指導者の悪口を言わないのが、政治家としての節度である。浅沼氏がアメリカとともに岸内閣の悪口を言ったので、毛沢東主席や周恩来首相も内心驚いたと伝えられたが、野党第一党の書記長の発言であり国際関係に悪影響を及ぼすと考えられたので、私は北京の浅沼氏に「国外での発言は慎重を期するように」と、警告の電報を打った。自民党幹事長が社会党書記長の言動に干渉することは異例だが、二大政党の運営上当然の措置だったと思う。

使節団が帰国後、岸首相以下私ども政府与党幹部は首相官邸で一行の報告を聞いた。岸内閣もベトナム賠償、その他の外交案件については適時社会党に説明した。他党の代表であっても、こういう話し合いが持たれることは、二大政党下にあっては有意義なことで、よい慣行をつくったと思っている。

私の幹事長時代、もう一つ強く印象に残っていることは、池田勇人氏がまだ政府与党の要職に就いていないころ、郷里の広島で打ち上げた〝月給二倍論〟に対して私が「生産力倍増十ヵ年計画」を打ち出したことである。

終戦後まだ十年余り、消費美徳論の上に立って「月給二倍」とは何事か、大事なのはまず生産だ、敗戦の傷を治すことだ、と私は考えたのである。私は岸首相に「月給二倍論的な考え方は困る。これからは、『生産力倍増十ヵ年計画』です。これでいきましょう」と進言した。国民総生産、国際収支、エネルギー消費量など、すべてを二倍にするというもので、まさに「国民所得倍増計画」であった。

私はこの構想を六月の参院選挙の投票数日前に発表し、のちに植村甲午郎さんを中心とする経済審議会に諮問した。この計画は六〇(昭和三十五)年に岸内閣が退陣したので、池田さんに引き継がれることになった。私は、当時の日本経済の成長力をもってすれば必ず達成できると確信していた。

ただ、私と池田さんとは経済政策のかじ取りについての基本的な考え方がしっくり合わなかった。池田さんは「消費は美徳なり」の哲学を掲げ、「経済のことは池田にお任せ下さい」と世間に大見得を切った。自信もあったのだろうが、一方、岸内閣との違いを世間に印象づけようという政治的な狙いもあったのであろう。

こういう基本的な考え方の相違が私の池田内閣における政調会長辞任となり、その後の政治的な対立に発展していったのである。

三転の末、農相に

一九五九(昭和三十四)年六月の参院選後の内閣改造で、私は農林大臣を仰せつかった。この改造は、安保改定を実現するための体制づくりが狙いであった。

私の場合、当初の案は大蔵大臣になっていた。岸首相から幹事長である私に「(これこれの内容を基にして、内閣の)改造案を整理してみてくれ。ただし、大蔵大臣は空欄にしておくように」という指示があった。

そこで、藤山愛一郎外務大臣の留任など岸さんの構想に沿ったものを整理した案をまとめて首相官邸に持っていくと「これで結構」と言って、空欄の大蔵大臣のところに

「福田赳夫」と書き込んだ。

ところが、その翌日えらく早く岸首相から電話が入って「(渋谷・南平台の岸邸に)来てくれ」という。行ってみると、岸さんはなぜか大変ご機嫌が悪い。

「たったいま、弟(佐藤栄作氏)が帰ったところだ。タクシーを飛ばして来て、(岸邸の)裏から入ってきた揚げ句、大げんかをして帰っていった。『私は大蔵大臣を辞めません』『いや、おまえは総務会長だ』『それはできません』。辞めろ、辞めないで大げんかをして、『どうしても辞めさせるというのなら、罷免権の発動だ』と言い残して引き揚げたところだ。しょうがないやつだが、考えてみると弟に罷免権を行使するというのもどうかと思うが」と、苦がり切った様子である。

「いいじゃないですか。そんなにやりたいとおっしゃるのなら、引き続きやってもらったらどうでしょう」と私が言うと、岸さんは「そうするか。君には、とにかく経済閣僚になってもらいたい。通産だな」と言われるので、私は「結構です。どこでもいいです」とお答えした。

いったん帰宅して待機していたところ、昼ごろになって「ちょっと、官邸に来てくれ」と、また岸さんから呼ばれた。

「いよいよ(改造人事のための)『呼び出し』か」と思いながら行ってみると、岸さんは「いま池田(勇人)君がやって来て『私はかつて(貧乏人は麦飯を食えという発言をとがめられ)国会で不信任案を可決され、通産大臣を辞任しました。なんとか恥をそそぎたいので、ぜひ通産大臣をさせてもらいたいのだが』と、泣くがごとく訴えるがごとくだった。ホロリとさせられてね」と、なぞをかけるような話である。池田氏は原案では経済企画庁長官だった。

「いいことじゃないですか」と私が答えると、岸首相は「そうすると福田君、残るポストは農林か経企だが、どっちがいいか」。私が「農林で結構です」と言うと、岸さんが農林大臣・福田赳夫と書いた。

佐藤さんが大蔵大臣にこだわった理由は、いまだに分からない。こうして、通産大臣には池田勇人氏が返り咲いた。

副総理兼行管庁長官益谷秀次、官房長官椎名悦三郎、自民党幹事長は川島正次郎、総務会長石井光次郎、政調会長船田中という顔ぶれだった。

農林大臣に就任したあとは政局も自民党内も小康状態だったが、この年九月二十六日、伊勢湾に台風十五号が襲来した。愛知、三重両県を中心に死者・行方不明五二九六人、被害二三九億円に達した。いわゆる伊勢湾台風で、多数の犠牲者や残された家族たちのことを思うと胸が痛んだ。

このころから安保反対運動がようやく激しさを増し、十一月二十七日には二万人のデモ隊が国会構内に乱入した。

明けて六〇(昭和三十五)年一月十九日、改定安保条約がワシントンで調印されたが、前年の秋に社会党を離党した西尾末広氏らが一月二十四日に民社党を結成したので、改定条約批准は自民党の単独採決を避けられるとの期待が持たれた。

四月に私は日ソ漁業交渉のため農林大臣としてモスクワに行った。ちょうど安保騒動の最中で、ソビエトは陰に陽にわが国に圧力をかけていたから私に対する態度は厳しかった。私はあえて「籠城《ろうじょう》」というのだが、「モスクワ籠城」は三十三日間に及んだ。

しかし、会談はそう頻繁にあるわけではない。アレクサンドル・アキモビチ・イシコフという漁業相が「会いたい」と言ってくるのを待っていたわけだから、時間は十分にある。そこで試みにニコライ（ニキタ）・S・フルシチョフ首相に表敬訪問を申し入れたら、あっさりOKということになった。

クレムリンの首相執務室でフルシチョフ首相に会ってみると、いきなり岸首相のことをボロクソに言い、鳩山一郎氏や河野一郎氏を褒め上げる。「日本はいま安保で騒いでいるが、岸が悪い。鳩山さんや河野さんだったら、あんなにソ連に挑戦的なことはしないだろう」などとまくし立ててくる。

私は「それは違う。日本では自民党幹事長がお国の共産党第一書記に相当する。日ソ国交回復は確かに鳩山さんがなされたが、鳩山さんの下で幹事長すなわち第一書記として準備をしたのは岸さんなのだ」と反論した。するとフルシチョフ首相は「岸はあの時はよかったが、今や腐ってしまった」と言いながら「キシ、キシ」と小声で言っている。後になって、ロシア語では「腐る」を「キシ」ということを知った。

フルシチョフ首相との会談は一時間半に及び、私はあらゆる問題を捕えて談判したが、いずれもノーだった。日ソ間の直通航空便の話をしたときには、「その飛行機に、アメリカのスパイが乗っているんだろう」といった調子である。

農林大臣として訪ソ．フルシチョフ首相と会談

最後に、私が北方四島の話を持ち出して、「この問題の解決なしには、日ソ間の国交正常化はできませんよ」と言ったら、「いや福田さん、沖縄だってアメリカが占領しているじゃありませんか。アメリカが沖縄を返せば、私の方は即座に北方四島を返しますよ」と言った。

これは大事な話だからすぐ外務大臣に打電した。そのときピンと来たのは、ソ連がアメリカは沖縄を返すはずはないと信じている、だからこそあんな大胆な発言をしたのであろう、ということであった。

フルシチョフ首相はその後失脚してひっそりと余生を送り、亡くなる二年前には沖縄返還も確定していたが、あの時の発言を思い起こしていただろうか。

この会談でのやり取りは、その後もずっと私の頭にこびりついていた。佐藤さんが総理大臣になって間もない昭和四十年八月に沖縄を訪問し、「沖縄が(本土に)返るまで、日本の戦後は終わらない」と言われた。佐藤総理は大変な名言を吐かれたわけだが、果たして実現出来るものかどうか、と当時としては疑いを持たざるを得なかった。

岸内閣の幕引き

私が日ソ漁業交渉を終えてモスクワから帰国したのは一九六〇(昭和三十五)年五月二十一日で、未明の衆院本会議で国会の会期延長と改定安保条約とが同時に議決された日の翌日だった。

出発前に私が岸首相と話し合った段階では、強行採決は会期延長だけで条約の方は無理しないことになっていた。ところが、帰国のためパリの空港で飛行機に乗る直前に「福田さん、福田さん」と言いながら走ってきた人がいる。

社長に就任して主要国への挨拶回りをしていた野村証券の瀬川美能留氏で、私に「見て下さい」とフランスの夕刊紙「ソワール」を手渡した。離陸してから機内で読んでみると、気掛かりだった日本の国会では「二十日未明、国会の会期一ヵ月延長と同時に条約の方も強行採決された」という記事なので大変驚いた。

羽田に降り立ったときは、安保反対のデモが最高潮に達していた。新安保条約の自然成立に必要な一ヵ月を待つのみという状態だったわけだが、とにかく二十万、三十万、時には五十万といわれる人たちが「安保反対」を叫んで国会を包囲する。連日のように、そういう状況が続いていた。

私は帰国したその日から新安保条約が六月十九日に自然成立するまで、ほとんど首相官邸に詰めっきりで、もっぱら岸首相周辺の仕事をする羽目になった。

岸首相は「岸辞めろ」のシュプレヒコールには全く動じるところがなかったけれど、会期終了直後にアメリカのアイゼンハワー大統領の訪日を招請していたので、そのことは最大の頭痛の種だった。最大の友邦であるアメリカの元首が、史上初めて日本を訪問されるのだから当然、天皇陛下が羽田へお出迎えになるわけだが、なにしろあの騒ぎである。羽田からヘリコプターでなどというわけにはいかないし、どのような事態が起こるか分からない。

当時の警察力は今と違ってはるかに貧弱だった。さすがの岸首相も、本当に弱り切っていた。私は岸首相の指示を受け、極秘で駐日米大使のダグラス・マッカーサー二世と連絡をとっていた。実は「アメリカの方から、訪日の招待を断ってくれないか」という交渉を精力的に続けたのだが、アメリカ側は承知しなかった。

「わが国の政府が招待を受けておりながらこれを断る、ということはいまだかつてないんです。日本の状態がどうこうといわれても、そういうときは日本政府から招待を取り消してくるのが当然じゃありませんか。それをしないで、わが国にそれを言わしめるというのは不当ですよ」というわけである。

私はモスクワから帰国して数日後に、葉山のご用邸で陛下にソビエト出張のご報告を申し上げた。私は、あの時のお言葉を極めて印象深く記憶している。

「時に福田、これからは国務大臣として聞くが」とおっしゃる。農林大臣ではなく、国務大臣に聞きたい、と言われたのだ。何をお聞きになるのかと思ったら、陛下は「福田、今のわが国の治安状況をどのように見ておるか」と切り出された。

陛下が「国務大臣として、治安の状況をどう思うか」と言われるのだから、私はそのとき「大変、憂うべき状態でありますが、わが国の政府としては外国の大統領をお招きしたら、これは成功させなくてはなりません」と、紋切り型のお答えしかしなかった。

私は岸首相に対し、陛下とのこうしたやり取りをそのまま報告した。

これより前にアメリカは事前調査のため大統領の新聞係秘書のジェームス・C・ハガチー氏を日本に派遣したが、六月十日羽田に着いたハガチー氏はデモ隊に囲まれて身動きが出来ず、辛うじて米軍のヘリで脱出するという有様だった。

それでもアメリカ側からは「訪問を断る」と言わなかった。アイゼンハワー大統領を乗せた巡洋艦はフィリピンを出航し、予定通り日本に向かって沖縄列島の南を航行中であった。

アメリカ側が「そちらの方から辞退してほしい」という岸内閣の要請に応じなかったのは、国際儀礼に反するという名目だけではなく、いまここで一度約束した招待を辞退したら岸内閣は直ちに総辞職となり、安保改定が土壇場で廃案になると懸念したからではないだろうか。

それは安保改定反対勢力の勝利であり、左翼勢力が日本を支配する可能性につながるという危惧《きぐ》である。招待を辞退するにせよ取り消すにせよ、岸内閣が面目を失することに変わりはないが、日本側から取り消した方がいくらかでも岸内閣に余裕を持たせられる、という判断があったからではないだろうか。

岸首相はハガチー事件に続き、樺美智子さんがデモの最中に死亡するなど情勢が大詰めを迎えたので、アイゼンハワー大統領の訪日を断る決断をするとともに、安保改定が実現したら総辞職する決意をされたのではなかろうか。

ただし、辞任の決意はだれにも洩らしていない。私にだけ、辞任表明の一週間前に「福田君、内閣総辞職声明の原案を書いてくれ」とおっしゃった。「あんなに頑張ってこられたのに総辞職ですか」と聞くと、「いや、総辞職すると決めたわけではないが、念のためだ」との返事だったが、安保条約成立後すぐに総辞職だなということが二人だけの暗黙の了解事項となった。

本来なら、こういうことは官房長官の仕事だが、あのときの官房長官は椎名悦三郎氏で大人《たいじん》だった。騒動の最中に岸首相が官房長官を呼んだところ、どこにいるか分からないという一幕もあった。

岸首相としては、私を官房長官代わりにいろいろ使ったわけである。おかげで、私はモスクワから帰国後は一度も農林省に顔を出すことが出来なかった。

六月十九日の未明に改定安保条約は自然成立したが、そのときも私は首相官邸に泊り込んでいた。時計がボーン、ボーンと十二時を告げて鳴るのを聞いて感無量だった。

岸首相は総理執務室に陣取って、泰然自若たるものだった。警視総監は前から「官邸は危険だから外にお移り願いたい」と頼んできていたが、「首相官邸は総理大臣の本丸である。本丸で討ち死にするのは男子の本懐である」と言って動かなかった。本気で、死ぬ覚悟だったと思う。

こうして改定安保条約は成立したが、まだ批准書の交換という問題が残っていた。このとき岸首相は、大胆というか度胸がいいというか、大野伴睦副総裁と党三役を相手に大芝居を打った。

岸首相は六月十九日午前零時、改定安保条約が成立した瞬間に条約が成立したことを確認する内閣声明を用意していた。声明の内容は事前に党四役の了承を得なければならないので、成立の二、三時間前に首相の使者が党四役が籠っている赤坂プリンスホテルの旧館に出掛けた。

そこには副総裁大野伴睦、総務会長石井光次郎、政調会長船田中の三氏らが陣取っていたけれど、幹事長の川島正次郎氏はいなかった。そして、使者がいくら頼んでも「声明の文案は了承できない。『岸内閣はここで退陣する』という一項が抜けている」というのである。

党四役の言い分はこうだ。新安保条約は成立したが、批准書の交換がなければ発効しない。批准書には天皇の御名御璽が必要だから、批准書を宮中に持っていかなければならないが、この大群集に取り囲まれていては無事にお届け出来るかどうか分からず、下手をすると累《るい》を皇室に及ぼすおそれがある。

批准書に陛下の御署名、御捺印をいただいて交換をすませるためには、まずこの大群集を退散させなければならないが、もう実力で排除する時間はない。ここは岸内閣が「退陣する」と声明することで群集をなだめる以外にない、というものであった。

これには岸首相も弱って、私に、四役のところに行って了承をとりつけてこいといわれる。そのとき首相は「批准書の交換は『実は十日前にハワイですんでいる』と言ってくれ」という話である。私は福家俊一君を連れて、深夜に官邸の裏口から外に出た。デモ隊が手ぬぐいをかぶって腕まくりし、道路いっぱいにジーッと坐っている。二人とも、もちろん自動車などは使えるわけがないので徒歩だったが、農林大臣の福田と分かったら大変だった。変装して赤坂プリンスホテルにたどり着き、党四役に「こういう次第ですから、累を皇室に及ぼす心配はございません」と説明して、やっと了承をとりつけた。しかし、本当はハワイでの批准書交換などはしてなかったのである。

批准書が正式に交換された六〇(昭和三十五)年六月二十三日、岸首相は淡々と退陣を表明した。

幻の西尾政権

岸首相から辞任の声明文を作成するよう指示されたときのことである。私が「後はどうしますか」と聞くと、岸さんは「君の考えはどうか」と尋ねられる。

そこで、私は「あれだけの大騒動の後だけに、通常の内閣交代ではとても乗り切れないと思います。西尾末広さん(民社党委員長)を担ぎ出したらいかがでしょう。西尾さんなら労働者にも理解が得られるし、自民党でも信頼する人は多い。岸さんの決断があれば、実現するでしょう」と進言した。

あれだけ荒《すさ》んだ民心を鎮静化するためには左翼にも影響力のある内閣でなければならない、と考えたからである。西尾さんは民社党の党首だが、自民党でも支持できるし社会党でも支持できる、つまり挙国体制を作り得る、と考えたからである。

ところが、岸首相はなかなか承知しない。私は日本の将来を心配してしつっこく頼んだ。そうしたら二、三日後に「福田君、じゃあやってみるか。君が一度西尾君と会って、話をしてみてくれ」ということになった。

私は知人の麻布の別宅を空けてもらって、そこで西尾さんと三回会った。一回目、二回目のときは西尾さんはかなり乗り気だったが、三回目のとき「福田君、君の考え方はよくわかった。私を首班に推してもらって、感激に堪えない。しかし、いろいろ考えてみたんだが、西尾首班ということになれば、私は政治家としてここで死ぬことになるんだ。西尾末広が日本のためにもっと必要とされる時期があるんじゃないかと思う。この際は、僕の命を助けてくれ」という返事である。私は岸首相に報告して、この話は打ち切った。

「西尾政権」の構想については、私も岸首相も党幹部には一切話をしなかった。ただ、岸首相は私に「君ね、大勢がまとまってもだね、大野伴睦君がどうかなあ」と、何となく心配顔だった。

これにはわけがあった。岸首相は前年の正月に「次の首班は大野伴睦とする」という誓約書を書いていたからである。私は誓約書の話を、岸首相が辞任表明をする直前に川島幹事長から聞かされた。「福田君ね、こういうことがあるんだよ。そりゃね、大変なことなんだ」と、耳打ちされたのだ。

抽象的な表現ではあるが、岸政権のあとは大野副総裁を総理・総裁として推す、という誓約書の存在である。岸信介、大野伴睦、河野一郎、佐藤栄作の四氏が北炭社長萩原吉太郎、大映社長永田雅一、右翼の黒幕児玉誉士夫の諸氏立ち会いの下で誓約書に署名したとされている。

ただ、この四氏の協力一致は、この年の六月の第二次岸内閣の組閣および党役員改選で河野氏が反岸を表明し、ついで倒閣の動きを見せるようになったので反故《ほご》となり、誓約書の有効期限は半年足らずで終わった。しかし、岸首相としては心のどこかにひっかかるものがあったのだろう。

私が西尾政権のアイディアを思いついたのは、前にも述べたように英国保守党の党首ボールドウィン氏が反対党のマクドナルド氏を再度、首班に推して、世に名高い「協力内閣」を誕生させた故事を、この時思い出したからである。私としては、日本もこの英国の経験に学んで少数民社党の西尾氏を首班として自民党が支援すれば、危機を乗り切れると判断し、岸首相に進言した。いわば西尾挙国一致内閣を狙ったのだが、結局は幻に終わった。

(1)　長崎国旗事件＝長崎市で開かれていた切手の展覧会で、一青年が会場に掲げられていた中国国旗を引きずり降ろした事件。この事件で、中国政府は対日輸出許可証の発行停止・既契約商談停止を日本側に通告、日中貿易が中絶の事態になった。

5　昭和元禄と党風刷新運動

昭和元禄

消費は美徳だ、という池田首相の考え方は経済の根本にかかわる重大な問題で、私の持論である安定成長論とは真っ正面から衝突する。池田氏の消費美徳論は、私に言わせればまさに暴論だ。従って、党風刷新運動の背景には安定成長論と超高度成長論との対立があったとも言える。

「昭和元禄」というのは、私の語録の中でも最も人口に膾炙《かいしゃ》したものの一つである。

私は六一（昭和三十六）年六月に関西財界人と懇談のため関西に出掛けた。その際、京都で記者団と会見して「景気循環は『山高ければ、谷深し』だから、変動の山は極端に高くしないことが経済成長政策にとって大切である。現在の国際収支の赤字は一時的ではなく、継続的なものだ。消費が盛んになりすぎて生産と需要に不均衡が生じはしないか、ここが問題である。経済政策は、安定成長路線に切り替えるべきだ」と、世にいう「京都談話」を発表した。

政調会長という自民党三役の一人である私が、池田内閣の掲げている一枚看板ともいうべき高度成長―所得倍増計画を正面切って批判したのだから、大きな反響を呼んだ。訪米中だった池田首相はこの「京都談話」を掲載した新聞をハワイで読み、すぐさま破り捨てたという伝説もある。私と池田首相との関係は緊迫したものとなり、翌七月の内閣改造に伴う党役員人事で私は政調会長の地位を去った。

ちょうど三年後の六四（昭和三十九）年六月に、私はやはり京都での記者会見で、今度は「池田総理の三選出馬辞退こそが混乱を救う唯一の道だ」と述べ、公然と池田首相の退陣を要求した。政権発足から四年目に入った池田首相はこの年七月の総裁公選での三選を目指していたけれど、世はあげて東京オリンピック開催の準備に追われていた。

東京中のあちこちがオリンピック施設や道路建設のため取り壊され、掘り起こされていた。一方では、家、屋敷が道路にとられたりした代わりに補償金がころがりこんだ

「にわか成金」たちが、そこら中に誕生した。セックス映画が氾濫し、朝から晩まで「お座敷小唄」など浮かれ調子の流行歌が流れている。どこもかしこも物と金の風潮に覆われて、「謙譲の美徳」や「勿体ない」という倹約の心掛けといった古来からの日本人の心が失われかけていた。

私はこうした風潮を心配して、記者会見で強調した。「池田内閣の所得倍増、高度成長政策の結果、社会の動きは物質至上主義が全面を覆い、レジャー、バカンス、その日暮しの無責任、無気力が国民の間に充満し、〝元禄調〟の世相が日本を支配している。経済面では物価が高騰し、国際収支は未曾有の困難に追い込まれ、広い国民層に抜き難い格差感を植え付けつつある」。

事実、国際収支の悪化、物価高など、高度成長のヒズミはますます深刻になっていた。しかし、六四(昭和三十九)年七月に実施された総裁選では池田、河野、川島、旧大野の各派に推された池田勇人氏が結局泥仕合のような形で佐藤栄作、藤山愛一郎両氏を破り三選されたが、過半数を上回ることわずか四票だった。

その後、池田首相が病に倒れて退陣、佐藤長期政権が続いたわけだが、私が懸念した

「昭和元禄」の風潮は長く人々の心に居座ることになった。

岸派解散、福田派に衣替え

私は、その間に党風刷新運動というものを起こした。この運動は、経済再建のための手法として、消費を優先させた池田首相と生産重視の私との基本的な考え方の違いが出発点であった。池田さんの「物と金優先」の考え方は、私には到底受け入れ難いものだったからである。

一九五五(昭和三十)年に自由民主党が結成され、強大な保守勢力結集が実現した。鳩山一郎氏が初代、石橋湛山氏、さらに岸さんがこれを引き継ぎ、四代目として池田体制があった。強固な保守地盤の上に乗っていたわけだけれど、政治が国民の運命に全責任を持つというのは大変なことで、そのためには政治の運営がいやしくも政治家個々の利害を頭に置くような、そういうとらえ方であっては相ならない。政治家というものは、国民から国の運命のかじ取りを託されているのだ。これは、今も変わらぬ私の考え方である。

そういう立場から見ると、派閥の解消、これは「天の声」だという考え方であった。全く血で血を洗うというような総裁争いを、いつまでも続けている。そういう状況下において、大事な戦後の経営ということをやっていくわけにはいかない。派閥を解消し、党は一本になって、一人ひとりの個人が日本国の運命に責任を持つ。そういう志を持って、そういう志の者が集まって切磋《せっさ》琢磨《たくま》するという状態を実現しなければならない、と私は考えた。

経済政策の運営を見ていると、個人的な立場で物と金を中心に活動していこうという風潮がだんだんと醸成されている。まず、政治家が何のためにいるのかという反省から、われわれの政治への取り組み方を正していこうじゃないか、というようなことで党風刷新運動が始まったわけだ。

ところで、岸さんは首相退陣後しばらくして「岸派を解散して、新しい集団を作ろうではないか」と言い出し、後継は福田だということが分かるような行動を取り始めた。すると、椎名悦三郎、赤城宗徳両氏らが川島正次郎氏を中心にまとまろうという動きを示す。派内ではだんだん二つのグループの色分けが明らかになり、福田七、川島三くらいの比率で分裂必至となった。両グループの間では岸事務所の取り合いの動きが活発になってきた。

当時、岸派の事務所は赤坂プリンスホテルの旧館二階にあったが、オーナーの堤康次郎さんに「私は、福田さんの一高時代から長い間懇意にしています。大蔵省に入られてからも、何かとご意見をうかがいました。お貸しするなら、福田さんです」と言っていただき、私が事務所を引き継ぐことになった。

岸派が正式に解散したのは六二(昭和三十七)年十月で、所属議員は福田派、川島派に二分し、一部は藤山派に合流した。

党風刷新連盟の結成

六二(昭和三十七)年の一月、私は党内各派の中堅クラスに呼び掛けて「党風刷新懇話会」の世話人会を発足させ、この年五月には百二十人を超える衆参両院議員を集めて正式に「懇話会」の旗揚げをした。

岸内閣にも派閥はあったけれども、岸さんは「派閥解消は天の声だ」と鳩山(一郎)さんの言葉をそのまま使いながら、機関中心の党運営を目指して努力していた。

先に述べたように保守合同の実現以来数年が経過していたわけだが、自民党の派閥の弊害がどうにもならない状態になっている。政治家が総裁争いにきゅうきゅうとして、天下国家のことを考えない。これではいかん。党を近代化しない限り国民多くの支持を得られない、派閥の弊害をこのままに放置したら自民党が腐り切って手のつけられない状態になる、私はそう思った。

では、どこから始めたらいいか。私はショック療法で小選挙区制をやってみよう、と考えた。派閥解消・小選挙区制を標榜して集まってみようじゃないか、となった。

そこで、「党風刷新懇話会」は主要な目標として①国会議員は国家の運命を託されている崇高な立場であることを自覚すべし、とする意識革命、②派閥の解消、③衆院選挙への(単純)小選挙区制の導入――の三点を掲げた。意識革命と派閥解消に眼目があった。

この年七月には総裁選挙があったが、この選挙前には各派の領袖とも会って理解を求めた。総裁選直前には「各議員の(派閥にとらわれぬ)自主投票」の決議もして、倉石忠雄氏と二人で池田総裁に会おうと静養中の箱根・仙石原に訪ねたが、門前払いされてしまった。

総裁選は池田氏の後を狙っていた佐藤栄作、藤山愛一郎両氏が立候補を取り止めたので池田氏独走の形になったけれど、七五票の白票、無効票、つまり池田批判票が出た。そのほとんどは、党風刷新懇話会のメンバーが投じた票であった。

反池田色の強まりに気を使ってか、財界筋からもわれわれに対する政治献金などを遠慮する動きも出てきて、同志の中には脱落する人もなくはなかったが、学者や評論家からは終始激励してもらった。

一方、池田氏は再選されはしたものの、こうした党近代化の声を無視出来なくなった。私たちは「党風刷新懇話会」を「党風刷新連盟」に改称、さらに強力な体制を整えた。結局、池田総裁は党の正式機関である組織調査会を強化し、党近代化の方策をこれに諮《はか》ることにした。

そこで、池田氏の側近として幹事長を務めていた前尾繁三郎氏が私のところへ二度ばかりやってきて「第三次組織調査会の会長に就任してくれないか」という。しかし、この調査会長就任の要請自体が「党風刷新連盟」の活動封じ込めを意図していたことは明らかだったから、私は「もう少し自由な立場でいたい」と答えて辞退した。

組織調査会長には、結局、三木武夫氏が就任した。そして、約一年後の六三（昭和三十八）年十月に党近代化の最終答申をとりまとめた。この三木答申には「一切の派閥を無条件解消する」などが盛り込まれたが、その後、総裁の任期二年を三年に延長すること以外はほとんど実現されなかった。

当時、私は激化の一途をたどる派閥抗争の弊害、乱脈な党経理、そして自民党得票率のジリ貧傾向など将来への強い危機感を抱いて行動に移ったのだが、一方で池田氏と佐藤氏との政権抗争が進んでいたため、池田氏の側からは、党風刷新連盟が「佐藤支持勢力の別働隊」で池田揺さぶりを策するものと見られてしまった。

無理もない話で、実のところ私は池田氏に対して非常な不満を抱いていた。池田さんはとにかく岸さんのやったことをみんなひっくり返すし、「低姿勢」などといった表現で暗に岸さんを批判する。先輩であり、功労者である岸さんの顔に泥を塗るようなやり方だ。けしからん、という感情的な要素があったことも否定はできない。

私はこのころ、「福田赳夫後援会」などで「党風刷新が目指すもの」と題して要旨次のように説いた。

党風刷新運動とは、党の近代化運動である。これにはたとえば選挙制度の問題であるとか、党の組織の問題であるとか、党の運営の問題であるとかいった制度の問題と、精神的な問題と二つある。精神的な問題とは、いま党を覆っている一つの風潮、派閥に奉仕する傾向、派閥の領袖にサービスする、そうしなければ政界で立身出世できないという風潮である。これは改めなければならない。

極端にいえば、派閥があって国家、国民があるを知らずという風潮、これはどうしても矯正しなければならない。われわれは微力ではあるが、党員の一人ひとりに対しては政治家本来の姿に正しく戻ろうじゃないかと呼び掛ける。これが実らない限り、いかに制度をよくしてもそれはだめだ。

私は（単純）小選挙区制というものは、政界を軌道に乗せるものだと考えている。しかし、いまの派閥体制で小選挙区を実施したら大変だ。党の近代化、特に派閥解消というか、党内デモクラシーという基盤があってはじめて小選挙区制が実行できる。

同時に、精神面の刷新運動と制度面の改革とが必要だ。両者が相まってはじめて党の近代化ができる。そういう意味で、これは一つの精神運動である。つまり刷新連盟が主として担当するのは、この精神面の刷新運動なのである。

制度の面としては、国会議員の選挙制度の問題、もう一つ政治資金規正法の問題の二つが派閥問題とからみ合っている。これをどうするかは、組織調査会が真剣に取り組むべき問題だと思う。党風刷新連盟は、すみやかに党風を刷新して、派閥主義を超克し、国家意識、民族意識を高揚する。それと同時に、そういう精神基調に立って、国家興隆の施政を大いに行うことである。

国家興隆の施政は何かというと、私どもはまず自民党の立党の精神に返れということが大事である、と考えている。

党の組織調査会を新発足させて、党も反省をし、改革する努力をした。まず、いままで幹事長がやみくもの形で運営していた会計を財務委員会制にした。同時に、それまで経団連が自民党の財政をまかなっている姿は、国民政党として不似合いなやり方である

――ついては国民的な基盤に財政を置くことにしようということで、「国民協会」をつくったのである。

さらに問題になるのは、派閥解消の見地から、総裁選挙のあり方だ。この総裁選挙のやり方には、従来の方式を根本的に改革すべきであるという意見などを総裁に対して提出した。

党風刷新運動の参加者は次第に増えて、六二(昭和三十七)年十月十日現在では次の百三十七名となっていた。(五十音順)

衆議院議員〔一〇三名〕　安倍晋太郎、相川勝六、青木正、秋田大助、秋田利恭、有田喜一、有馬英治、井原岸高、伊能繁次郎、飯塚定輔、池田正之輔、池田清志、一万田尚登、今松治郎、宇田国栄、内海安吉、小笠公韶、小沢太郎、大倉三郎、大竹作摩、大野市郎、大村清一、岡田修一、岡本茂、加藤常太郎、金丸信、上林山栄吉、仮谷忠男、川野芳満、鴨田宗一、菅野和太郎、簡牛《かんぎゅう》几夫《つねお》、木村俊夫、岸本義広、北沢直吉、久保田円次、倉石忠雄、小枝一雄、小金義照、小島徹三、河本敏夫、纐纈《こうけつ》弥三、斎藤憲三、坂田英一、坂田道太、薩摩雄次、笹本一雄、首藤新八、寿原正一、鈴木正吾、砂原格、田中龍夫、田辺国男、高田富与、高橋英吉、竹内俊吉、竹下登、千葉三郎、塚原俊郎、渡海元三郎、床次徳二、中野四郎、永田亮一、永山忠則、楢橋渡、西村英一、西村直巳、野原正勝、羽田武嗣郎、馬場元治、長谷川四郎、長谷川峻、八田貞義、浜田幸雄、浜地文平、林博、福田赳夫、藤井勝志、藤原節夫、保科善四郎、坊秀男、細田吉蔵、堀内一雄、本名武、前田正男、前田義男、増田甲子七、松浦東介、松沢雄蔵、松野頼三、松本俊一、三池信、三浦一雄《くにお》、宮沢胤勇《たねお》、毛利松平、森田重次郎、森山欽司、山崎巌、山手満男、米田吉盛、米田恒治、早稲田柳右衛門、渡辺良夫

参議院議員［二七名］　青柳秀夫、井上清一、江藤智、加藤武徳、川上為治、木島義夫、岸田幸雄、草葉隆円、木暮武太夫、小林武治、佐藤芳男、佐野広、下村定、中上川あき、長谷川仁、平島敏夫、堀末治、前田久吉、増原恵吉、丸茂重貞、三木与吉郎、武藤常介、安井謙、山本杉、山本利寿、湯沢三千男、吉武恵市

前議員［七名］　植原悦二郎、大坪保雄、楠美省吾、高橋禎一、高瀬伝、淵上房太郎、堀木鎌三

岸さんの実弟である佐藤栄作さんは、池田体制下で池田首相に対する批判勢力として、政治家の精神面に問題が出てきているのではないかという点に関心を示すようになった。われわれの党風刷新運動と、池田体制下の批判勢力的な立場の佐藤さんの考え方とがだんだんと一致するようになった。

そういうことで、池田総裁の三選目で、前からもそういう兆しが出始めていたのだが、われわれは佐藤さんを総裁にということで全力を尽くした。

第四部　「経済大国」への歩み

1　財政、経済に全責任を負う

振り返ってみると、私に対する世間一般や政界での評価は、一九五〇年代後半から六〇年代にかけてで大体決まったのではないか。

佐藤内閣は六四(昭和三十九)年十一月に池田内閣をほとんどそのまま受け継いで発足したわけだが、翌六五(昭和四十)年六月の全面改造で私は大蔵大臣に就任した。そして私は、翌年十二月に行われた内閣改造までの約一年半、その任に当たった。

六六(昭和四十一)年十二月から二年間は自民党幹事長を務めたが、六八(昭和四十三)年十一月から七一(昭和四十六)年七月までの約三年間は再び大蔵大臣になった。

佐藤内閣は七年八ヵ月間にわたった長期政権だが、その全期間にわたって私は財政、経済に関することはほとんど全てを任せてもらった。ちょうど日本経済が戦後の復興期を脱して自立し、確実に成長を遂げた時期である。

佐藤内閣における私の大蔵大臣在任期間は通算四年半近くに及んだわけだが、七二(昭和四十七)年七月から佐藤内閣退陣までの一年間は外務大臣に就任した。従って、私は佐藤内閣の発足直後から退陣に至るまで、まさに一日たりとも政府与党の要職から離れることがなかった。

昭和40年7月，大蔵大臣として臨時国会で財政演説

それは佐藤さんが私を全面的に信用して内政、外交を任せてくれたということに他ならない。七年もの長い間、私は多忙を極めたが、その半面、思う存分に仕事ができた。
佐藤さんと私との関係は、かなり古い。私は一九四一(昭和十六)年まで約七年間にわたり大蔵省で陸軍省担当の主計官だったわけだが、ちょうどその中間の昭和十四、五年ごろ陸軍省担当主計官兼鉄道省担当ということになった。

それで、鉄道省の人といろいろ知り合いができた。後に国会議員になった堀木鎌三氏だとか伊能繁次郎氏といった人たちはそのころのつき合いだが、当時は勤務の関係上、佐藤栄作氏とは直接の接触がなかった。

もちろん佐藤栄作氏のイメージは大体、頭に持っていたけれど、終戦後、佐藤氏が大阪鉄道局長から本省の鉄道総局長官、次いで鉄道次官になる。このころになると、私もまた昇格して主計局長になり、予算折衝の相手は次官レベルになる。そして、鉄道次官としての佐藤栄作氏といろいろ話し合いをする機会ができた。

国の予算は例年のならわしとしてまず一般会計を決め、その後、特別会計予算を決めるという手順になっている。当時の特別会計の中で一番巨大なのが鉄道省所管の鉄道特別会計であった。

政府部内で鉄道省関係の予算が決まるのは、きつい時は大晦日の夜になったり、あるいは元旦の明け方になったりするというようなことで、佐藤さんとは何度か特に印象に残る非常に激しい折衝を重ねた。

終戦後間もなく、佐藤さんは政界入りして吉田内閣の官房長官となり、続いて私もまた政界に入って岸さんのグループに属するようになる。

もちろん岸さんは吉田批判、新党結成という志に燃えておったわけだし、一方、佐藤さんは池田勇人氏とともに吉田体制を支える二本柱的な存在であったから、私の立場とはおのずから違うものがあった。

昭和三十年から保守大合同という時代になって以来、自由民主党の総裁は鳩山さん、石橋さん、そして岸さんということになって、安保問題という一大転機を迎えた。

岸さんとは対照的な立場に立っておった佐藤さんが、今度は一緒の党で岸さんと共闘というような形になる。保守大合同ではあるが、佐藤さんの党内における言動には岸さんとは多少ニュアンスの違いというものがあった。

ただ、私は岸さんの側近におって、さすが岸さんと佐藤さんとは兄弟だなということを思わせられるような、いろいろな事実があったことをよく知っている。岸さん自身はよく「弟と政治家とは別の人格」と言っていたが、それはあくまで建て前の話だった。

石橋内閣は首相の病気で五七(昭和三十二)年二月二十三日に総辞職して、外相で臨時首相代理だった岸さんが政権を継承した。二月二十五日に第一次岸内閣を発足させたが、最初の五ヵ月足らずの間は、石井光次郎氏を副総理として入閣させたほかは石橋内閣の全閣僚を再任した。

この年の七月の改造で閣僚の大幅な入れ替えをしたわけだが、独自の本格的な内閣づくりは五八(昭和三十三)年五月の総選挙を経て六月十二日だった。その間に、私は政調会長となり、次いで幹事長を務めた。佐藤さんは当時、「政調会長として、幹事長として福田は兄貴のため本当にようやってくれるな」というような風情で私をながめていてくれたようだ。

佐藤さんが私に全面的な信頼を寄せるようになった背景にはこうした事情があったわけだが、「四十年不況」の最中に発足した佐藤内閣の下では、私が大蔵大臣に就任して間もなくから日本経済が安定路線に乗った。すでに述べたように、その後七年間も続いた「いざなぎ景気」である。

これは、私の年来の財政理念である「国際収支と物価の動向に目を配りながら、生産力を拡充していく」という政策の正しさを事実として証明したものである、と自負している。

四十年不況と国債発行の決断

私が大蔵大臣になった直後は、東京オリンピック後の「四十年不況」の真っただ中であった。池田内閣の超高度成長の反動とも言える不況で、それ以前の高度成長の山が異常に高かっただけに様相が深刻であった。

中央、地方ともに財政が窮迫、企業の経営は悪化して、その中で山陽特殊鋼株式会社が倒産した。株価はダウ平均一千円を割る勢いで低落、山一証券も倒産の危機に直面して日銀特融を受けるなど大変な状況にあった。今なら財政面からの景気テコ入れとなるのだが、当時は池田内閣以来の均衡財政主義の思想がしみつき、動きがとれなかった。財界の空気は冷え切り、日本経済は再び温もりを回復し得るであろうかという悲観的、絶望的な私語がささやかれる状況であった。

しかし、私は「不況克服は君に任せる」という佐藤総理の一言に感激して、日夜全力を挙げて努力した。そこで佐藤総理と財政運営について打ち合わせをした際、私が話したのは高橋是清さんのことだった。

昭和初期の金融恐慌、旧平価での金解禁、そして世界大恐慌で日本経済が泥沼の不況にあえいでいたとき、高橋是清大蔵大臣は救国国債を発行し、景気が回復した時点で公債漸減政策をとった。

もっとも高橋さんは成功したけれども、その後戦争という事態になって公債が乱発され、公債に対する嫌悪感が全国民の間にみなぎってしまった。戦後も、ずっと長きにわたって公債は害毒だというような見方、扱われ方をされていた。だが、私は高橋さんのとられた公債政策、これはそういう立場で見るべきものではないと、かねがね考えていた。

高橋財政は二・二六事件で終わったが、佐藤総理との話でも、公債発行によって難局を打開するというあの方式以外に策はないということで了解を得た。そして、まず一九六五(昭和四十)年度の一般会計補正予算で、戦後初の二千六百億円にのぼる赤字国債発行に踏み切った。

不況による税収不足で歳入欠陥が生じそうになれば、歳出を削減ないしは予算の執行を留保するというのが均衡主義の考え方で、大蔵省の中には赤字国債発行には反対だという主張も多かった。公債発行はインフレを招来すること必至と考えられたのである。

しかし、私は公債が景気調節に貴重な役割を発揮できると考えていた。不況のときは公債発行で景気を刺激できるし、景気がよくなり過ぎれば公債発行を抑制するとか、やめるかすれば景気が正常に戻る。つまり公債政策は悪用すると大変な過ちとなるが、これを適切に運用すると景気を平準化する機能を持つという妙味があるとの考え方を説明した。

久しぶりの国債発行ということもあって、国会での論議は白熱化した。補正予算が成立したのは大晦日に近く、赤字国債発行のための財政処理特別措置法の成立は翌六六(昭和四十一)年一月中旬にずれ込んだ。

六六年度予算編成では約七千四百億円の建設公債を発行、景気に配慮して三千億円減税も実施した。この時も需給ギャップをどう見るかということで、発行規模を決めるまでに連日深夜まで議論し、政府案の決定は一月十四日未明だった。

財界でも均衡財政主義の池田勇人氏に近かった桜田武日経連代表常任理事らは、この時点では「一兆五千億円の公債発行が必要だ」などと発言して逆手に出たし、大蔵省事務当局はできるだけ少なめの発行案を出す。社会党などには、国債発行タブー論が根強い。大臣の決断以外に決着の方法はなかった。

国会では、参院予算委員会での社会党の木村禧八郎さんとの公債論議が懐かしい。戦前の軍事費膨脹を支え、終戦直後のインフレの元凶ともいえる国債発行の悪夢を木村さんは強調した。私は国債の日銀引き受けを排除すること、軍事大国化しないことなど公債発行に当たっての歯止めを説明したが、木村さんは理解してくれなかった。

六六年度予算では公債依存度が一七%まで一気に上昇したものの、その後七〇(昭和四十五)年には五%を割り込みそうになったので、そのころ再び蔵相に就任していた私は「これ以上、公債依存度を無理して下げる必要はない」と主張した。公債を抱いた財政によって機動的な財政政策、景気政策が可能になるが、景気がいいからといって公債発行をやめてしまうと、不景気になって再び一から発行しなおす場合には大変なエネルギー、手間がかかることをしみじみと感じたためだ。

私はこういう考え方で、公債の発行を戦後初めて実施した。世に言う「いざなぎ景気」は、私が大蔵大臣をしておる間中、一世を風靡して戦後安定成長のレコードをつくった。最近のバブル景気の時代も、ついにその長さを超えることができなかった。

「四十年不況」への対応として採られた公債発行がその後どのような足どりになったかは、次の数字で知ることができる。

年度	発行額(億円)	依存度(%)
四十一	七三〇〇	一六・九
四十二	八〇〇〇	一六・二
四十三	六四〇〇	一一・〇
四十四	四九〇〇	七・三
四十五	四三〇〇	五・四
四十六	四三〇〇	四・六

公債発行というのは景気の調整というところに読みがあるわけで、節度をもって発行

に当たれば、財政の持つ景気調整作用に偉大な効果さえ持ち得る。経済不況の際は公債発行によって不況打開に好影響を招来し得るし、好況の折はその発行を停止、または減額することによって景気の加熱を抑制できる。

ただ、これを悪用すると大変な過誤を犯すことになる。正しく高橋是清、福田赳夫の考え方でやっていけば、国力増進に大きな役割を果たすものである。私が「四十年不況」に直面して決断した国債発行策は、今顧みても評価されるべきものがあるのではないか。

黒い霧解散——総選挙で幹事長

佐藤政権は発足後二年足らずで重大な危機に直面した。六六(昭和四十一)年秋のことである。「黒い霧」と称された共和製糖事件など一連の政界不祥事で世論の批判を浴び、政権の足元が揺さぶられたからである。

野党からは盛んに「臨時国会を召集して、衆院を解散せよ」との要求が出されるようになった。佐藤首相は当初、解散に消極的だったが、十一月二十日ごろ私を呼んで「内閣を改造して衆院を解散する。ついては、君に幹事長をやってもらいたい」と言われた。党・内閣の顔ぶれを一新して、体制の建て直しを図ったのだ。

私はこの体制建て直しの要《かなめ》として、大蔵大臣から自民党幹事長に転じた。いささか火中の栗を拾う危険もないではなかったが、「平々凡々たる幹事長ならやらない。だが、党の危機が叫ばれるいま、首相から懇請されれば逃げ回ることはできない。第一それでは、赤城の山ではないが任侠の道に反する」と自分自身を励ました。

衆院解散を要求する社会、共産両党との話し合いがつかぬまま臨時国会が召集されたのは六六（昭和四十一）年十一月三十日で、両党欠席のまま国会を開会、衆院での佐藤総理の所信表明演説、代表質問に出席したのは自民党だけだった。

綱紀粛正と政治への信用回復を目的とした改造人事が完了したのは、十二月三日だった。幹事長に就任した私は野党各党に協力を求めたが拒否され、野党は逆に「議員総辞職」をタテに解散を迫ってきた。そこで、佐藤首相は自民党単独で法案を処理したのち衆院解散―総選挙に踏み切る方針を固め、二週間後の十二月十九日に野党欠席のまま衆院本会議を開会、補正予算案を含む十七案件を自民党単独で議決した。

関係十委員会の各委員長はいずれも自民党所属だから、みんな議長席の前に並んで、早い人は一分で委員長報告をして、あっという間に全案件を議了してしまった。

さてそこで解散ということになるのだが、国会が予想していたより早く終わってしまったものだから、これでは選挙運動期間のちょうど真ん中が正月と重なってしまうので、臨時国会はいったん閉幕した。改めて年末も迫った十二月二十七日に通常国会を召集し、即日、衆院解散となった。「黒い霧解散」である。

私は自民党幹事長として、佐藤政権が発足後初めて迎えたこの総選挙の指揮を取った。「黒い霧」への厳しい批判をまともに受けて、自民党は極めて不利だった。衆院定数はこの総選挙から全国で十九議席増えたものの、大方の予想は自民党の議席が大幅に減り、惨敗するだろうということだった。

しかし、結果は自民二七七で解散時議席二七八をほぼ確保、社会一四〇、民社三〇、公明二五、共産五で、自民党が過半数を維持し、その後、無所属の加入もあって快勝であった。

勝因は、自民党が反省の姿勢を示したことや候補者を厳選したこと、社会党の内紛と候補者の乱立、さらに公明党の衆院初進出による野党の多党化現象などが挙げられた。ただ、残念ながらこの第三十一回総選挙で自民党は結党以来初めて得票率が五〇%を割った。

佐藤政権が長期政権になった理由としては、ライバルの池田勇人、大野伴睦、河野一郎各氏が亡くなったこともあるが、この黒い霧解散を乗り切り、基盤を固めたことも間違いなく大きな理由の一つであろう。

私はファイアマン

私は佐藤内閣最初の改造で大蔵大臣に就任し、黒い霧解散で幹事長になったが、六八(昭和四十三)年十一月の内閣改造では再び大蔵大臣に就任した。

当時は「いざなぎ景気」の真っ最中で、在任中わが国の国民総生産(GNP)もぐんぐん伸び、まず英国、次いで六八年には西独も追い越し、米国に次ぐ自由世界第二位の経済大国になった。

しかも、これまでの国民経済の動きでは景気が上昇すると国際収支が悪化するのが通例なのに、米国がベトナム戦争でドルのたれ流しをしたことも手伝って、日本経済は好調の中で国際収支の黒字幅も拡大してゆき、各国から注目と警戒の目で見られるようになった。

そして、六九（昭和四十四）年九月に、戦後初めて国際収支黒字の環境の下で引き締め策を講じた。消費者物価上昇率が定期預金金利の利率を上回るような事態は異常であり、なんとかしてそれを避けようとしたのだ。

私は国際会議などで「いまや、私はファイナンス・ミニスター（大蔵大臣）ではない。ファイアマン（消防士）である」などと、軽口をたたいていた。

同時に、国際収支の黒字を背景に私は「世界の中の日本」ということを初めて主張し、アジアをはじめとする発展途上国援助に力を入れた。六九年四月にはシドニーで開かれたアジア開発銀行年次総会に出席し、五年間で日本のアジア途上国向け援助を二倍にする方針を表明した。

日本が経済大国になって、なおかつ軍事大国化しないためには、アジアの人たちを貧困から救い、経済発展が軌道に乗るよう手助けすることだと思ったからである。

外相に就任

七一(昭和四十六)年六月、佐藤総理から突然「今度、外務大臣になって秋の天皇陛下のご訪欧のお供をしてもらいたい」と言われた。私は「それは難しいですよ。私は胆囊《たんのう》炎《えん》の持病があり、年に二、三回激痛に見舞われます。大旅行中にそういうことになれば任務が達成できませんよ」とお断りした。しかし、佐藤総理は「それなら今のうちに手術したらどうか」と言われる。

そこで、外務大臣に就任した私は、経済企画庁長官になった木村俊夫氏に外務大臣臨時代理を引き受けてもらい、七月初め虎ノ門病院に入院して、胆石摘出の手術を受けることになった。手術で出てきた石の数を数えてみると、五百三十七個もあった。

私の行動を逐一追っていたマスコミ関係の諸君は「福田の石の色は白か黒か」などと揶揄《やゆ》していたようだが、まったく見当違いで、私の体内から摘出された石は全部〝金色〟だった。

退院後、念のため八月末まで箱根で静養したが、この二ヵ月間に戦後史の一大転機が訪れる。

七一(昭和四十六)年七月十五日には、ニクソン米大統領の中国訪問発表、そして八月十五日には米ドルの金との交換停止という二度のニクソン・ショックがあり、八月末には遂に東京外国為替市場が閉鎖に追い込まれるほどの激しいドル売り、円買いの投機に見舞われた。

一方、国内では参院で「重宗《しげむね》王国」と呼ばれ、佐藤体制を支えていた重宗雄三議長が更迭され、河野謙三議長が野党をも巻き込んで誕生した。

この二ヵ月間が、一年後に田中氏と争った自民党総裁選挙での福田敗北の遠因とも言われた。しかし、手術し静養したお蔭で、私は九月下旬からの天皇、皇后両陛下ご訪欧の首席随員としてお供することができた。この時のことについては、「第七部　昭和天皇の思い出」のくだりで述べたい。

外務大臣としての重要課題は、米中接近に伴い中国、台湾(中華民国)問題をどう処理するかだった。

国連での各国の対応は、次第に中国支持派が大勢を占めてくる。日本国内でも「北京へ、北京へ」となびく中で、自民党内でも中国との国交正常化をめぐり賛否が伯仲する情勢となってきた。私は、佐藤総理も歴史の流れをよく見て承知している、と思った。

　この時期の日本の対中外交が常に後手後手に回った印象を世間に与えたのは、党内の議論がまとまり切らなかったことと、台湾の蔣介石総統への配慮からだった。

　蔣総統はいうまでもなく、第二次大戦末期の五大国首脳の一人として敗戦日本の処理にもかかわったが、多数の大陸残留日本人の帰還にあたって「以徳報怨」の考えから、その安全をはかってくれた。また賠償問題にも寛大な態度で臨むなど、蔣総統が終戦時にわが国に与えてくれた親切は筆舌に尽くしがたい。

　日本がドイツのように分割されず、皇室が継続されたことも含めて、今日の日本が復興、発展するのに陰に陽に総統は支援を惜しまなかった。その総統が率いる台湾が国際社会で非常に苦しい立場に立っている時、恩義を忘れることなく対応するのは当然だと私は考えた。

　ただ、時間の経過とともに、国連に北京の中国政府が加盟するなど情勢に大きな変化が生じるに至り、わが国もまたその変化に対応する措置を取らなければならないのも事実だった。

私は、国会で「アヒルの水かき」論を展開した。実際、訪中する美濃部亮吉・東京都知事に周恩来首相あての「保利書簡(1)」を託したほか、中国共産党とルートをもつ一種の情報機関のようなさまざまな人を使って中国指導部の考えを探ったりもした。結局、日中国交正常化は次の田中内閣で実現した。

沖縄との奇しき因縁

佐藤内閣の最大の外交案件は、いうまでもなく沖縄返還交渉だった。私は一九七二(昭和四十七)年五月に佐藤内閣の外務大臣としてその沖縄返還協定に調印したが、これは思えば奇しき因縁であった。というのも、私は沖縄の返還問題に最初に火をつけた政治家の一人だからである。

前に述べたように私は南京の汪兆銘政権の財政顧問を務めていたが、当時の私の部下の中に沖縄出身者で外間《ほかま》政恒という人がいた。

私が顧問団事務総長というような立場だったので、外間氏はもっぱら私の用事を手伝ってくれる政務補佐役だった。彼は東亜同文書院の出で顧問団に来る前は北京の日本大使館の手伝いをしていた。戦時中の中国で〝支那服〟を着て「私は満州生まれの中国人だ」と言ってとがめられなかったというくらいの、たいした中国通だった。この人が私に非常に親近感を持ってくれた。

敗戦後、彼が中国から引き揚げた沖縄も米軍の占領下に入ってしまったわけだが、彼は「沖縄がいずれは日本に復帰するだろう。そのための準備をしておかなくてはならない」ということで、うまずたゆまず私と接触を保っていた。私の家にも、よくやってきた。

あのころは米軍占領下だから、米軍は日本の沖縄介入を嫌っていた。日本の役人や党幹部が沖縄に近寄るなどということは、そう簡単なことではない。床次徳二《とこなみとくじ》、山中貞則《やまなかさだのり》の両氏だけは鹿児島県選出代議士ということで個人的に沖縄に行ったことがあるけれど、その他の国会議員はなかなか往来を許されない。

外間氏は人づき合いのうまい人で、そういう時期にポール・キャラウェー米高等弁務官と仲好くなって重宝がられていた。彼が「福田さん、もっと沖縄の勉強をしておいた方がいいですよ」というので、私は一九五八(昭和三十三)年、自民党政調会長の時に政府与党幹部としては初めて沖縄を訪問した。

キャラウェー高等弁務官は大変、私を歓迎してくれた。自分の部屋に私を招いて、アイスクリームなどを出してくれたのを覚えている。その時、沖縄の状況をつぶさに視察し、各界の人々と沖縄の将来について話をすることができた。キャラウェー氏も、沖縄の当時の琉球政府と折衝することがあったら「何でも言って下さい」ということになった。私は、それから年に一回ぐらいは沖縄に出掛けた。行く際にはキャラウェー高等弁務官の了解を得ていろいろ行動したわけだが、与党政調会長という立場だから地元民からの陳情がある。

砂糖とパイナップルの農民が非常に困窮しているというので、キャラウェー高等弁務官の了解の下にこっそり援助したり、占領下の中小企業が困惑しておるというので、通産省に言って中小企業会館を作ってあげたこともある。この会館は今でも「福田会館」と呼ばれている。琉球政府主席、いまの沖縄県知事に当たる職にあったのは当間重剛という人だったが、この人も感謝、感激していた。

そのうちに当間氏は主席を辞められたが、私のところに「沖縄に本土の政治家の後援会を作るのは初めてですが、今度、『福田赳夫後援会』を作ります。初代会長は私で、外間君が幹事長です。福田さんが沖縄に来られるときは、でっかい旗をもってお迎えに出ます」といってきた。

そして、沖縄に福田赳夫後援会が出来た。今でもあると思うが、畳二畳ぐらいもある福田赳夫後援会旗まで作られた。私が行くと、その旗をなびかせて空港にたくさんの人たちが出迎えにきた。しかし、その当時は沖縄全面返還という空気はまだまったくなかった。

その後、こういうこともあった。あのころ、沖縄に対しては内々で財政上の便宜を図っていたのだけれど、沖縄の経済・財政の運営などについては、米国が琉球政府と相談して決めており、日本政府は一切知らされていなかった。

ところが昭和四十二年度予算編成では、米側が百三億円の財政援助を要請してきた。私は当時大蔵大臣だったが、日本の潜在主権をより直接的に行使する時が来たと判断して、「沖縄援助については、米側の要請を天下り的に受け入れるわけにはいかない」

と、かなり強い態度で臨んだ。援助問題が沖縄施政の根幹に触れるところまで来ている以上、沖縄船の日の丸掲揚や教育権の返還、財政運営などについて、日本側がもっと沖縄施政への接触を強めるようにすべきだ、と主張したのである。あれから、沖縄援助に関する日米協議委員会の空気が変わり、沖縄の本土復帰に向けて着々と布石を打てるようになった。

本格的な返還交渉は佐藤さんが首相になってからだが、六九(昭和四十四)年の佐藤・ニクソン会談で「七二(昭和四十七)年、核抜き本土並み返還」の合意がなされるまでにはかなりの紆余曲折があった。

交渉は私の直接の仕事ではなかったが、わが国の国力の増強、経済の発展こそが沖縄返還を実現する原動力であると考え、そのために全力を挙げた。幸いにしてその間、日本経済は上昇気流に乗り、国際収支にも余力が出て、沖縄を祖国に復帰させるための万全の体制が整えられた。

そして、私が外務大臣の時に沖縄返還をめぐる日米間の交渉経過を記録した外務省秘密文書が盗まれ、国会で大問題になったことがあるが、実はあれは福田大蔵大臣とデービッド・M・ケネディー米財務長官との会談内容だった。

一九七一（昭和四十六）年の春だったか、愛知外務大臣がパリでウィリアム・P・ロジャーズ国務長官と、見える形で沖縄返還の交渉を進めた。一方、細かい金のやり取りの話は愛知・ロジャーズ会談に任せるわけにはいかない。そこで当時は大蔵大臣だった私が訪米してケネディー財務長官と交渉することになった。ところが人目につくと困るので、うっかりした所では会談が出来ない。

ヴァージニア州にフェアフィールドパークという所がある。いわば、米大統領の秘密の接客場だ。ここもメリーランド州にあるキャンプデービッドもワシントンからは比較的近いのだけれど、目的によって使い分けているようだ。

そのフェアフィールドパークは、ゴルフ場がざっと二十コースは出来る広さだ。そのフェアフィールドパークの中に、煉瓦建ての建物がたった一棟だけある。材料の煉瓦は、フランス革命のとき暴徒に打ち壊されたパリの建物をフランス人移民がそのまま持ってきて建てたものだそうだ。

そこへ、わが方からは大蔵大臣の私と柏木雄介財務官だけ、アメリカ側もケネディー財務長官と後に連銀の総裁になったポール・ボルカー財務次官の二人しか来ない。食堂にだれがいるわけでもない。建物の近くにあるのは、寝台つきのトレーラーが二、三台だけである。飯時になるとトレーラーで料理したのを運んでくる。何十人というSPが、昼夜を分かたず建物を取り巻いて厳重に警戒している。そのSPたちは夜になっても交替で見張りに立ち、残りの連中はトレーラーにベッドを作って泊まり込んでいる。

庭を見せるからといわれジープに乗せられて走り回っていると、タカが舞っている。ケネディー財務長官がそれを見つけて「そら、福田さんが舞っている」というから、「違うよ。私はタカじゃない。ハトだ」と言ったが、ケネディー長官には通じない。私がハトを「ピジョン(pigeon)」と言ったので、意味が分からなかったのだろう。アメリカでは、ハトをピジョンではなく「ダブ(dove)」と言うようだ。

一泊二日、二日間まるまる使った。この交渉によってアメリカが沖縄に建設した諸施設の日本への引き渡しが決まり、日本政府はその償還金として三千万ドルをアメリカ政府に支払った。これには、終戦直後の対日経済援助に対する謝意も含まれていた。これをうけて米上院外交委員会が可決したジャコブ・ジェビェット議員提出法案に基づき、七五(昭和五十)年十月に「日米友好基金」が発足した。

補償問題とか住宅・土地問題だとか、ずいぶん細かいのもいろいろあった。

私はこのあと間もなく外務大臣に転じ、沖縄の正式な返還期日を決めることが、私の仕事になった。

七二年一月五日にサンクレメンテで日米首脳会談、外相会談が行われた。国際情勢をめぐってのいろいろな意見交換もあったけれど、最大の問題はもちろん沖縄返還の最終的な決定をすることだった。

私とロジャーズ国務長官との間で復帰後の沖縄基地の整理統合について最終的な詰めの協議を行った。これは、沖縄本島中部の人口密集地および沖縄の産業開発と密接な関係にある地域の米軍施設区、ならびにゴルフ場、海水浴場などの娯楽施設の整理縮小の問題だった。

それらの議題が一段落したところで、私はロジャーズ長官に対し「一九七二(昭和四十七)年の三月三十一日に、沖縄返還を実現したい」と申し出た。するとロジャーズ長官は「米側としては七月一日を考えている」という。ともに、自国の会計年度の始まりを意識してのことだ。

そこで私は「せっかくここまで日米友好の気運が盛り上がっていることでもあり、もう少し繰り上げてもらいたい」と迫った。すると、ロジャーズ長官は「五月三十一日でもいい」と言い出した。それでも私が「うん」と言わないので、この問題は首脳会談に持ち込むことにして、二人で佐藤・ニクソン会談が行われている部屋に入っていった。この席には、ヘンリー・A・キッシンジャー大統領補佐官も同席していた。

まず私から「この機会に決定しなければならない問題として、沖縄の返還期日の問題がある。ロジャーズ長官からは五月三十一日ではいかがかという提案があったが、両首脳間で決めてほしい」と述べた。

するとニクソン大統領が「われわれは返還期日が七月一日になるものと承知しており、自分としては譲歩する立場にないが、例えば五月三十一日にすることにより、貴総理のお役に立つことになるのか」と言った。

そこで、佐藤さんが「六月二十三日は沖縄での戦闘が終了した日なので、それ以前に返還を受けたい。五月三十一日よりも、五月一日の方がいい」と答えた。

するとニクソン大統領は「自分はあまり寛大な性質ではなく、また、早期返還により技術的に多くの困難を伴うが、もしどうしても早い方がよいというのであれば、五月十五日ということにしてもよい」と述べたので、佐藤さんが「早いにこしたことはなく、大変結構だ」と答えて、この問題が決着した。

このとき私には、沖縄の核兵器の撤去を確認する仕事が残っていたが、この問題は、返還当日、ロジャーズ国務長官から私あての書簡で世界に周知させることにした。

この書簡には「これら諸島に対する施政権が、日本国へ返還されるこの機会に、沖縄の核兵器に関するアメリカ合衆国のこの確約が完全に履行されることを、アメリカ合衆国大統領の指示と許可のもとに、閣下に通報することができますことは、私の大きな喜びとするところであります」と記されている。

国際社会への貢献——国際交流基金の設立

私は、日本国民の国際的な関心が一九七〇(昭和四十五)年の日本万国博覧会を契機に急速に高まったと思う。

「人類の進歩と調和」をテーマにして大阪・千里丘陵で開催された万博には世界七十七ヵ国が出展参加し、三月十四日の開会式から九月十三日の閉会式までの間、六四二一万八七七〇人の入場者で賑わい、万博史上最大の成功を納めた。

この大イベントに注ぎ込まれた費用は二千億円を超える額で、まさに国をあげての祭典となった。諸外国はこの万博を、日本の経済的発展を象徴するものとして評価した。

日本国内に与えた影響も大きかった。万博を通じての異文化との接触は、日本人の国際化志向を刺激すると同時に国際文化交流の重要さについての認識を深めることとなった。それは「経済大国となった日本は、文化的にも応分の国際的役割を果たすべきではないか」という意見となって表れるようになった。

先に述べたように、翌七一(昭和四十六)年七月の内閣改造で、私は大蔵大臣から外務大臣に転じた。私が就任当時の日米関係は、二回のニクソン・ショックすなわち頭越しの米中接近、そして金ドル交換停止と対日輸入課徴金を含むドル防衛策によって、かなりのキシミが出ていた。

私が外務大臣になってまず考えたことは、いかにして日米間のコミュニケーション・

ギャップを少なくするかということであった。戦後の日米関係は、政治、経済両面とも順調に推移してきたが、国民レベルではかなりのコミュニケーション・ギャップが指摘されていた。日米関係の正常な進展のためには、この面で早急になんらかの措置を講じなければならないと考えた。

日本の政、財、官、学界の中心人物の中には、アメリカのガリオア・エロア資金やフルブライト計画によって、若いころアメリカで勉強した人たちが大勢おる。そうした人たちからの提言もあって、「対米文化交流を強力に推進するための大型基金を設置する」という構想が、次第に私の胸のうちで固まっていった。

私は同年九月、ワシントンで開かれた第八回日米貿易経済合同委員会の冒頭演説でこの問題を取り上げ、「日米間の幅広い人的、文化的交流が必要であり、たとえば学者、学生、文化人などの交流拡大や米国における日本研究、日本における米国研究を強化する必要がある」と強調した。

アメリカからの帰国後、私は直ちに外務省事務当局に対し「対米文化交流を主眼とする大型文化交流機関設立」のための具体策を検討するよう指示した。

この問題は一九七二(昭和四十七)年一月、沖縄返還問題を最終的に決着させるためサンクレメンテで開かれた佐藤・ニクソン日米首脳会談の席上、私から米側に正式に伝えた。私の説明に対し、ニクソン大統領が歓迎の意を表明した。

しかし、この構想を具体化するまでには多少、曲折があった。まず、新機関の性格と名称を決めなくてはならない。私は、日米関係をはじめ全世界との文化交流の中核的機関となるべきものであるから特殊法人とし、名称は「国際交流基金」(The Japan Foundation)とした。

なにしろ新しい構想で、文化交流問題には文部省はじめ関係する省庁も多いことから、実現に当たっては全体的な調整の必要があり、外務省事務当局には大いに奮闘してもらった。

私は当初、交付公債の発行によって一千億円程度の資金を調達し、これを政府出資の形で新機関の基金とすることを考えたが、財政上の理由もあって、毎年、百億円程度の政府出資を積み増して、ゆくゆくは一千億円基金にする方針を固めた。

この年の通常国会の外交演説で、私は要旨次のように述べた。

平和国家、文化国家を志向するわが国の正しい姿を海外に伝え、誤った認識の是正に努めることは、わが国外交にとって急務となっている。

政府はこのため、新たに国際交流基金を設立すべく、明年度予算においてこれに対する支出を要請している。

私は、今後ともこの基金をさらに拡大発展させていきたい所存であり、このようにして広く諸国民との間に心と心が触れ合う相互理解の増進に努めることこそ、わが国外交に課せられた大きな課題の一つであると考える。

国際交流基金への政府出資は、その後シーリングの設定などによって長い間五百億円程度にとどまり、私は大変残念に思っていた。

ところが、私と志を同じくする安倍晋太郎氏の日米関係に対する認識と情熱によって一九九一(平成三)年、国際交流基金の中に五百億円を入れて新たな日米センターが創設された。知的交流と草の根交流を事業の二本柱とした日米センターの発足は、私の目指した一千億円基金を現実のものとし、日米関係の将来に大きな展望を開くものである。私は大変よいことをした、と考えている。この機会に、改めて泉下の安倍晋太郎氏に敬意を表したい。

（1）　保利書簡＝当時外相だった筆者が中国とのパイプをつくろうと考え、七一（昭和四十六）年に訪中した美濃部亮吉・東京都知事に託した、保利茂自民党幹事長名の周恩来首相あて書簡をいう。

2　角福公選

天が与えた試練

私は佐藤内閣で、大蔵大臣、幹事長、そして外務大臣として存分に仕事をさせてもらった。特に財政、外交を通じて国際政治に深く関与し、海外にも多くの友人、知己を得た。私はこうした貴重な経験を生かして、自分の考え方を内外にわたって継続、発展させていけば、日本国がさらに繁栄することは間違いないとの確信を深めるようになった。一方、自民党内でも、財界やマスコミの間でも「次は福田赳夫」という観測、期待が高まっていた。佐藤栄作総理自身も「私のあとは福田君」と考えておられたし、私もそれが自然であると思っていた。

七一(昭和四十六)年の暮、あのときの国会は十二月三十日までかかった。その十日ぐらい前、十二月二十日ごろになって急にサンクレメンテ会談というのが決まった。翌七二(昭和四十七)年一月六、七の両日、アメリカ西海岸のサンクレメンテで佐藤・ニクソン日米首脳会談を開くことになったのだ。

そのころ、つまり年の暮も迫ってきたある日、私が佐藤総理に会うと「そろそろ田中君に話すか。いつ、どんなふうに言うかな」とおっしゃる。当時通産大臣で次をうかがっていた田中角栄氏に「次の総理・総裁は福田君にしようではないか」と持ち掛けるタイミングをはかっている、と私は理解した。

次の総理・総裁をどうするか、また佐藤総理自身の進退をいつどういう形で表明するか、微妙な時期だった。そのとき私は、佐藤総理に「サンクレメンテ会談に田中君の同行を求めたらいかがですか」という話をした。総理も「それはいいな。いいチャンスじゃないか」と言われたが、同時に「その時を待つわけにはいかんな」とも言われる。

そこで、私は総理がサンクレメンテから帰ったら「辞めるんじゃないかな」という印象を持った。しかし、それは私の感じで、確かなことは分からない。総理はサンクレメンテに行く前に、またいろいろ考えて「日米首脳会談をやって、終わって帰国したらすぐ辞めるというのもおかしなものだ」という気持ちになってきたのではないかと思う。

したがって、サンクレメンテでは田中氏とこの問題について話し合うということはなかった。政局はそのまま通常国会に突入する。

サンクレメンテから帰って辞める、あるいは三月十五日の沖縄返還の批准書交換が済んだら辞めるんだ、こういう考えでもあればサンクレメンテは絶好のチャンスだった。しかし、そうではなくて、総理は通常国会はおれが全部やるんだという考えを暮から正月の間に固めたようだ。

それから半年たった七二(昭和四十七)年の五月十五日に、沖縄返還協定の調印が終わった。六月に入って佐藤総理がこれを花道に退陣する意向を表明し、いよいよ自民党総裁公選に突入する。

世間では「三角大福」時代とか称しているようだが、その始まりは表面的にはこの公選の前後からといってよいだろう。

佐藤総理の退陣表明は六月十七日だったが、私は総裁選挙については以前からかなりの自信を持っていた。早くから「おれが辞めたあとは福田君だ」と言っていた佐藤総理は、私の見るところ「次は、福田に自然に持って行くようにしよう。それには党内の固めをしておかなければならない」ということで、いろいろな手を打ってくれておったようだ。

その一つの柱が〝中曽根工作〟であった。中曽根康弘氏は佐藤内閣ができてからも一時、反佐藤だった。それが公選の前年、七一(昭和四十六)年七月五日の内閣改造でいったん野田武夫総務会長、保利茂幹事長、小坂善太郎政調会長ということで決まっておったのが、一晩のうちにひっくり返って、当日の朝、瞬間的に中曽根総務会長ということになった。

私も相談に乗っていたのだが、前の日まで中曽根総務会長という話はなかったのだから、アッというような人事だった。これはもう、みんなびっくりしたのだが、その後、佐藤総理が私に「あれで、いいんだよ。あれは一つの布石だよ」と言う。佐藤から福田へと、こういう配慮だと佐藤さんは思っておったわけだ。

中曽根派に城代家老格の野田武夫氏という人がおって、この人は徹底した福田支持だった。総裁選が近くなる時点でも、佐藤さんは中曽根氏に会って「ひとつ福田君を助けてくれ」と、こういう要請をし続けていた。

こうした総理の動きに呼応しながら、野田さんが中曽根派を固める。そういうふうに動いておったわけだが、七二(昭和四十七)年の六月十日前後だったか、野田さんが亡くなった。これで、大きな変化が起きたと思う。

私は中曽根氏はもう堅くこっちの方を支持する、支持しないまでも中曽根立候補で中立を保つ、こういうふうに見ておったのだが、「どうも動きがおかしいぞ」となった。最後の最後の段階になって、佐藤さんが福田に協力するよう要請したのに対し中曽根氏は返事をしなかった。

二十一日だったか、中曽根派が田中支持を正式に表明し、中間五派(1)が「少し成り行きを観望したい」という態度に変わってきた。そして中間五派の中に、田中支持の空気がだんだん出てくる。こういう形勢になり、その辺から私は「ことは容易ならず」という感じがした。

当初の票読みからいうと、中曽根氏が仮に中立と考えると、田中氏の基礎票は佐藤派の三十八票だけ。私の方は佐藤派二十二人、紀尾井会(福田派)三十六人で、合計五十八票あるわけだ。

それがどのように変化して行くかという問題になってきたが、結果的には田中氏は基礎票に中曽根派というものを加えた。これによって双方、大体互角の基礎票を持つことになった。

さらに、その中間五派が初めは全面的に私に傾斜しておったのが、今度は中曽根氏の動きから田中氏の方へ大勢が動いた。そこに違いが出てきた。こういうことだろう。

私は長い間、野田武夫氏を通じてかなり中曽根派の協力を得るために努力していた。その成果には、相当なものがあった。ところが野田氏の亡くなられた直後の一週間か十日の間に、非常な変化が起こった。

福田、田中の関係は、総裁選が迫るにつれて周辺から対立意識というものがわき上がってきたが、公選までは友好関係にあった。ともに佐藤政権を下で支えている間柄ではないか、という意識はつねに持っておったからだ。

総裁選を前に二人だけで話し合いを持つという場面はなかった。ただ、佐藤総理は引退表明をした二、三日後の月曜日、十九日だったか、私と田中氏の二人を呼んで、こう

保利幹事長が自民党本部で4人の総裁候補者に要望.
左から2人目が筆者

いう話をした。「君ら二人、どっちがどうなるかわからんが、おれを支えてきた二人じゃないか。二人のうちどっちが一位になろうとも、二位になった方が一位に全面的に協力するということでやっていいじゃないか。それを、ここで約束しておこうじゃないか」。

それに対して、私はまず「賛成です。私が二位になれば、田中君に協力します」と言い、田中氏もしばらく考えてから「そういたしましょう」と言った。ただ、田中氏の方は「このことは、そっとしておいて下さい。これが漏れると、できるものができなくなります」と言う。そこで私もそっとしておき、田中氏も黙っていた。もちろん佐藤さんも、そのことはしゃべらなかった。

ところが、公選の末期になって田中氏の方が三木武夫、大平正芳両氏と政策協定を結び、いわゆる三派連合というものをやった。三派連合というのは、明らかに田中氏が二位になっても決選投票で三派連合によって一位を目指すものだ。つまり「一位協力」という総理と私と田中氏との三者の約束に違反する動きだった。

それで私は「困ったな。あの約束と違ってきた」と思い、総理に会って「あの約束と三派連合との関係をどうお考えになりますか」と申し上げた。総理は総裁選挙の前日、七月四日にまた私と田中氏の二人を呼んで「三派連合ができたという今日、田中君、この問題をどう考えるのか。この前『一位に協力する』ということを約束したはずじゃないか」と、かなりなじるかのごとき調子で田中氏にその話をした。

ところが、田中氏は「いや、選挙というものは、これはいろいろの経過をたどるものです。佐藤総理もいざ選挙となると、(同じ選挙区の山口二区で)お兄さんの岸(信介)さんとの間でもあれほど激しくやり合うじゃありませんか」と、こう言う。暗に三派連合というものはこれはやむを得なかったのだ、と言うわけだ。

そこで私は「三派連合ができた今日、この前の一位協力はこれでご破算だな、そういうことにしようじゃないか」ということで、その話はやめになった。

私は、総理・総裁というポストは天下の大勢の赴くところ、水の低きにつくが如く話し合いで決まるのが理想であって、ましてや金銭の力でもぎ取るようなことは断じてあってはならない、と信じていた。総理・総裁の座は争うべきではなく、推されてなるものと心していたからで、私は総裁公選に基本的にこのような信念で臨んだ。しかし、当時、私は六十七歳だった。戦わざるを得ない状況になっていた。

総裁公選は七月五日に、東京・日比谷公会堂で行われた。

第一回投票の結果は投票総数四七六票、有効投票数四七六票で、

田中　角栄	一五六票
福田　赳夫	一五〇票
大平　正芳	一〇一票
三木　武夫	六九票

だった。

第二回（決選）投票では大平、三木両氏支持票の多くが第一位の田中氏に投じられ、田中角栄二八二票、福田赳夫一九〇票で、残念ながら私は敗れた。

あの時の総裁公選では、相当多額のカネが乱れ飛んだだろうと取り沙汰された。党風刷新連盟以来の同志だった坊秀男氏からは、選挙の途中で「もう、こんな汚い総裁選挙はやるな。投げ出してしまえ」と真剣に忠告された。私も、こんな選挙はこりごりだと思った。事実、途中でやめたら政界の在り方へのショック療法になるかもしれないとも考え、よっぽどやめてしまおうかと思った。

公選が終わったあと、私は選挙事務所に戻って「私はこれまで長期間日本国のために奉仕貢献したつもりですが、相当疲れました。今度の結果は、天が我輩に寿命を与えてくれたのだと思います。これは、天の配剤です」「日本国が近い将来、再びこの福田を必要とする時が必ずやってきます」と同志の諸君に話した。

私はその後四年半ほどたって総裁になったけれど、いわゆる話し合いで選出された。世間では「角福戦争」と呼んだが、このときの総裁公選は「列島改造論」という田中氏の高度成長論と私の「平和大国論」「安定成長論」との対決であったとも言える。

田中氏は新潟県出身だけれど、私の地元群馬県とも縁がないわけではない。高崎に本拠を置く建設会社に井上工業がある。田中氏は青年時代に東京へ出てこの井上工業の東京支社に入社したことから、高崎にも知っている人がいて「角どん」と呼んでいた。田中氏が政界で頭角を現してきたころ「角どんも偉くなったものだ」と言われていた。

私がその「角どん」と懇意になったのは佐藤政権を支える二本柱になってからで、時々彼にご馳走になったり、彼のノド笛などもしばしば承った。田中氏はさっぱりした気性で、大変優れた人だった。私は彼が末は大物になると考え、「昭和の藤吉郎」と呼んでいた。ただ、とにかく派手で、私なぞのまねのできない場面をいろいろ散見した。

日中、当時の私の考え方

この総裁公選では、日中国交正常化が一つの焦点にされた。私は戦前から中国と深い因縁があったわけだが、総裁公選当時の国際情勢や私自身の考え方はこうだった。

中ソ両国は、一九五〇(昭和二十五)年六月に起こった朝鮮戦争では協力して米国と戦ったし、五八(昭和三十三)年ごろまでの中ソ関係は「一枚岩」といわれるような状態だった。しかし、延長七千キロメートルにも及ぶ中ソの国境線をめぐって確執が絶えない。社会主義圏内における勢力争いの局面もあって、次第に武力衝突すらしかねない険悪な空気が漂ってきた。対立が顕在化して相互に留学生や在外公館職員の引き揚げをするとか、同盟関係は一転して敵対関係に変わってしまった。

安保条約の改定は一九六〇(昭和三十五)年だが、これは非常に中ソ関係が激しくなってきた時期の問題であった。それまで兄弟国として仲のよかった中ソ両国が、あたかも近親憎悪のように険悪な敵対関係になる。

隣国の日本として、これら二つの国とどういう風に付き合っていくか。中国と仲好くすると、ソ連との仲が悪くなる。逆だと、中国との関係が険悪にならざるを得ない。

そういう中で、中国と日本とはソ連に比べると地理的に近い関係にあるし、日中戦争時代を通じて日本人は中国に相当関心を抱く状態が続いたわけで、その間に中国人に特に愛着を持つような傾向があった。その中国と国交がないのは不自然である、というような国民感情が高まっていた。

そうした日本人の気持ちの支えになってきたのは、台湾に逃れた国民政府政権である。

その国民政府政権との間には、民間レベルの親近感のほかに、外交上の正式な相手としての関係も継続していた。

従って日本と中国との問題は、一方においてはソ連との問題、また他方では国民政府政権との関係があってなかなか難しい。この二つについて対応を定着させないと、日中間の国交正常化問題は現実的に手を出すことは困難な状況の下にあった。

それに、佐藤体制の下では保利茂氏が日中問題では積極派、私は慎重派であった。佐藤首相もこの辺の事情はよく心得ていて、外務大臣であった私の立場にずいぶん気を使ってくれた。

国連における中国代表権問題への対応では、最終的な決定権は佐藤首相が握っていたわけだが、日中の国交正常化は時間の問題であった。日本としてはそれまで、世界情勢がどう変化するのかを注意深く見守ってきたのだが、たまたま国連が台湾の国民政府に代えて中国政府を承認するという決定を下したことによって、情勢は一変した。

ところが、ソ連の動きはだんだんと先鋭化してくる。中国との国交正常化となると、ソ連との関係をどうするかである。残された問題はソ連だ、というので注意深く進めていたのだが、日本国内では中国へ、中国へで、草木もなびく勢いだ。こうした国民感情の高まりも、無視することはできない。

そういう中で角福公選があり、中国問題をめぐって田中、三木、中曽根の三派連合なるものができた。日中国交正常化・積極派を称したわけだ。

結局、田中内閣になったのだが、私は田中氏が組閣後わずか二ヵ月くらいで北京に出向くとは夢にも考えなかった。もう少し諸般の環境調整をしてからだろう、と見ておったのだが、田中氏はやってしまった。性急に過ぎたという面はあるが、大局的にみると歴史の流れが世界的にそういう方向に動き出した、田中氏はそれを巧みに捕らえた、とも言えば言えるだろう。

（1） 中間五派＝当時、総裁候補を擁していなかった椎名、園田、水田、船田、石井の五派閥。

3　列島改造と石油ショック退治

狂乱物価へ「全治三年」——効いた総需要抑制の一手

沖縄返還と並ぶ佐藤体制の大きな功績といえば、やはり経済の安定成長である。七年間にわたった安定成長の下で日本経済が非常に発展をする。そして、わが国経済はフランスを追い抜き、英国を追い抜き、GNPの大きさにおいてついに自由社会第二位の経済大国である西ドイツを追い越した。わが国がアメリカに次ぐ世界第二位の経済大国の地位を勝ち得たわけである。

日本経済史のレコードになった「いざなぎ景気」は七〇(昭和四十五)年いっぱい続いたが、私が外相に就任した翌七一年七月ごろからだんだん崩れ出した。そして七二(昭和四十七)年七月に田中内閣が成立した。

日本列島改造を旗印に田中内閣が誕生して一年、いざなぎ景気と謳歌されてきた日本経済が様変わりになった。見る見るうちに地価が暴騰を来たす。それに引きずられて諸物価が軒並み暴騰する。田中内閣の成立後一年間だけで、卸売物価で実に二五％の高騰を来たすという異変が生じたわけだ。のみならず、それまで極めて安定しておった国際収支、これも赤字基調に転じ、一年間に実に百億ドルの赤字を出すという驚くべき事態になった。

日本経済は、このまま推移するとどうなるのか。根本的な対応を必要とすると見られておった矢先、十月にＯＰＥＣの石油戦略で大衝撃を受けるという事態を迎えて、いよいよ対応に苦しまなければならないということになった。

私は七二(昭和四十七)年七月に発足した田中内閣では最初の半年はなんの役にも就かなかったが、自民党が敗北した十二月の総選挙後の第二次田中内閣で行政管理庁長官に就任した。しかし、列島改造ブームですでに述べたような大インフレが起きつつあった。私は「土地騰貴は大変な問題だ」と田中総理に何度も警告し、ようやく国土利用計画法に土地取引の事前申告制を導入することとなった。

そして翌年に入ってだが、群馬県・伊香保町の横手館に泊まっていた私に、田中総理から電話がかかってきた。十一月二十二日の夜であった。「(過労で倒れた蔵相の)愛知(揆一)君が危篤なんだ。そのことだけをお耳に入れておきます」という。

翌二十三日は休日で、日程に従い県内の甘楽《かんら》町という所で講演をしておったところ、壇上の私あてに「田中総理が『直接、電話に出てほしい』といっております」と緊急連絡が入ってきた。出てみると、「愛知君がとうとうだめだった。ついては相談したいことがあるので、至急、帰京して頂きたい」という。私は、直観的に「愛知君は病死ではない。悶死《もんし》だ」と思った。大インフレ、国際収支の赤字のところへさらに十月からの第一次石油ショックが重なり、心労に堪え切れなかったのだろう。

講演を済ませ、すぐパトカーに先導してもらって車で東京に帰り、夕刻、首相官邸で田中首相と会った。首相は「残念なことに愛知君が亡くなったので、すまんが、あなたに大蔵大臣を引き受けてもらいたい」と、こういう話だ。

そこで私は、田中首相にこう言った。「経済の運営は乗馬と同じで、手綱が二本ある。一本の手綱は物価であり、もう一本の手綱は何だというと、これは国際収支だ。人でいえば呼吸が物価、脈搏は国際収支である。二本の手綱をしっかり握っていかなきゃならんが、今はその二本の手綱がめちゃくちゃになってきた。こうなった根源は何だ。あんたはどう思うか」。

ざっとこういう話をしたら、田中首相は「石油ショックでこうなって……」というから、私は「そうじゃないんだ。あんたは石油ショックというけれども、あれは追い討ちだ。あんたが掲げた日本列島改造論で、昨年七月に内閣をつくって以来一年しかたたないのに、物価は暴騰に次ぐ暴騰で、国際収支が未曾有の大混乱に陥っておる。この(日本列島改造の)旗印に象徴される超高度成長的な考え方を改めない限り、事態の修復はできない」と説明した。

しかし、彼は「そうか、では旗を降ろす」とは言わない。「明日、また会おう」ということで、翌朝また首相官邸で会ったところ彼は今度は非常に割り切っていて、日本列島改造論を「撤回する」と約束した。日本列島改造という政策はとらないこととする、同時に自分はこと経済問題については一言も物を言わない、一切、福田新蔵相に任せたい、そういう前提で一つ大蔵大臣をやってほしい、という。そこで、「あんたがそこまで言うのなら、引き受けましょう」となった。

そして、私はいわゆる総需要管理政策をとった。総需要とは何かというと、まず国民の消費、第二が投資経済活動、第三は国家財政、この三つを、人の体の呼吸と脈搏に合わせるように管理する。そういう政策をとったわけだ。

経済というのは循環するので、大体、一、二年の不況、二、三年の好況、この波を繰返すものだが、いろいろな人から「どれくらいで（景気が）回復するんですか」と聞かれる。「四十年不況」は私の手で一年もたたないうちに回復に成功したわけだが、この時は「今回はちょっと、難しいな」と考えた。とにかく物価がこれだけ急騰して、国際収支は百億ドルの赤字である。これを通常の状態に戻すにはかなりの時間がかかる。通常の景気循環と同じようなタイミングで景気が回復するというような印象を国民に与えては大変だ。政治的にも混乱のもとになる。

そこで、私は「皆さん、簡単にはこの混乱状態は治りませんよ。時間がかかりますよ」という意味において「今回は、全治三ヵ年」と、大胆な言い方をしたわけだ。

もう一つは「『全治三カ年』とは言うけれども、日本経済を根本的に三ヵ年で全治せしめるためには、皆さんにこの際、相当我慢してもらわなくてはならない」と言った。それは何かと言うと、総需要管理政策というものに協力してもらわなくてはならない。財政を抑えなければならないことは、もちろんである。さらに、企業も以前のような成長を期待しない、家庭はまた消費需要を控え目にする、これが根本的な治療のために絶対必要なのだ、と国民に向かって繰り返し強調した。

こういうことでやったわけだが、国民もよく協力してくれた。三年を経過し、四年目くらいから、日本経済は大体正常運転ができる状態にまで回復した。

第一次石油ショックから数えて五年目に、第二次石油ショックというのが起こった。第一次石油ショックでは一バレル＝二ドルであったものが平均して十ドルになった。第二次石油ショックでは、十ドルであったものが今度は実に三十四ドルにまで暴騰した。これが、世界のどの国でも経済の大問題になるわけだが、世界中で日本だけは第二次石油ショックというものがそれほど響かなかった。なぜかというと、日本は第一次石油ショックによる打撃を、その時にはすでに大方吸収して正常運転ができるようになっておったからだ。

ところが、アメリカはじめどこの国も第一次石油ショックの影響、打撃から抜け切れないままだった。打撃はどういう形かというと、インフレと同時に不況、つまりスタグフレーションである。その結果、どの国に行っても物価は暴騰し、また景気は不調であり、従って失業が世界的な大問題になってくるわけだ。

ひとり日本だけが、ほとんど影響らしい影響を受けずに第二次石油ショックを乗り切ることができた。つまり、経済の正常運営に成功した。一つは省エネルギー投資、二つは省労働力投資、三つは諸設備の近代化投資、それから企業拡大投資などが可能となったのは、日本だけとなった。

その結果、日本の国際社会での経済力はメキメキと上伸して他の国々を引き離した。領土面積からいえば、全世界の〇・二八%しかない日本が、GNP（国民総生産）では全世界の一五%を占めるに至った。まさに世界史の中の奇跡とも言うべきこの事実は、二度にわたる石油ショックへの対応にわが国だけが成功したからである。

田中退陣と椎名裁定

田中政権がいわゆる「金脈事件」で退陣に追い込まれたのは、一九七四（昭和四十九）年十一月のことだった。月刊誌『文藝春秋』の記事[(1)]が直接のきっかけになったわけだが、その直前には同年七月の凄まじいばかりの「金権選挙」（参院通常選挙）があった。

私が岸内閣、佐藤内閣で幹事長をしていた当時、自民党が国政選挙に必要とした金額はせいぜい三十億から四十億円だった。田中政権になって、完全に一桁上がってしまったわけだ。これは大変なことだな、という感じを私は持っておった。しかも「企業ぐるみ選挙」で、大会社がみな職員まで動員しての選挙である。にもかかわらず、選挙の結果は自民党公認の当選者が六十二人、と改選議席の過半数を割り込む惨敗であった。

私は「これは本当に大変なことをしてくれたな」と思ったのだが、副総理・環境庁長官だった三木武夫さんも同じようなことを感じたのだろう。あの参院選挙後に、三木さんの方から「問題を少し整理して話し合おうじゃないか」という呼び掛けがあって、上野池の端にある梶田屋《かじたや》という旅館で会談した。

三木さんは「この内閣のひさしの下にはいたたまれない。私は（副総理・環境庁長官を）辞める。福田君、どうだ。一緒に辞めようじゃないか」と言う。

私はその時、明確な返事をしなかったのだが、「とにかく何か方法を考えなくてはいかんな」と言っておるうちに、七月十二日のことだ。確か梶田屋で会った翌々日である。三木さんから、朝早く私の家に電話がかかってきて「今、田中君の家に行ってきたよ」と言う。

「何だ」と聞いたら、「今朝早く抜き打ち的に田中君のところへ『直ちに会いたい』と電話を入れて押し掛け、辞表を田中君の家に置いてきた。これだけを君に通知しておく。君がどうするか、それは君の問題だ」ということである。

当時の体制は、副総理・環境庁長官が三木さんで、私は大蔵大臣、外務大臣に大平正芳氏、通産大臣は中曽根康弘氏だった。私が愛知氏のあとの大蔵大臣を引き受けたことによって、いわば挙国一致内閣ともいうべき非常時体制が組まれていたわけだ。

しかし、三木さんにしてみれば田中氏の金権体質、金の使い方が我慢できないのに加えて、この時の参院選では自分の地元・徳島で田中氏との間に激突を生じていた。つまり、徳島には三木さんの同志の現職・久次米《くじめ》健太郎氏がいるのに、押し退けるようにして田中氏が新人の後藤田正晴氏を強引に公認候補にしてしまった。いわゆる「三角阿波戦争」だが、田中氏のこうしたやり方が三木さんとしては腹に据えかねたこともあろう。

一方、私の方は前の年に大蔵大臣を引き受けた時から、参院選挙が終わったら辞めるつもりだった。参院選挙後には、一年後の自民党総裁選挙に向けてさまざまな動きが始まる。そういう状況の下では、私が何をやっても総裁選挙目当てと勘繰られかねないからだ。三木さんの辞任とは関係なく、当初から私はそう考えていた。

ところが、三木さんが辞めたものだから、次から次へといろいろな人たちが私の辞任を思いとどまらせようと説得にやってきた。町村金五、倉石忠雄、灘尾弘吉氏といった人たちが、異口同音に「福田さん、あなたのコースは決まっているんだ。辞めたら回り道になるよ」と言う。

中でも保利茂氏は、私が「辞める」というのに対して慰留どころではなく、半分、脅しに近いことまで言う。「君は吉田口という立派な大道から、富士登山の八合目まで来た。それをもう一度下山して、草むらをかきわけかきわけ、また登って行くと言う。そんな必要と価値があるのかね」という。

もう政権に手が届くところまで来ているじゃないか、と口説くわけだ。それでも私が納得しないものだから、保利氏は腹心の坪川信三氏を呼び出し、私をホテルの部屋に缶詰めにして、とにかく一昼夜近く二人がかりで説得に努めた。

私自身も正直のところ回り道になるなとは思ったけれど、参院選後の辞任はかねてから考えていたことだし、なによりも田中政権があのまま続けば自民党そのものが沈没する恐れがあった。出直し的改革を唱えてきた私としては、どう説得されても閣内にとどまるわけにはいかなかった。

行管庁長官だった保利さんは、私がどうしても辞任を思いとどまらないと知って、私より一足先に田中首相に会って辞表を提出した。三木さん、保利さんに続いて私が辞めた後、田中退陣は時間の問題だったとも言える。

田中総理は十一月二十六日、正式に退陣を表明した。田中氏の後は党内勢力を二分していた私が引き継ぐのが当然ではないか、と私の周辺の人たちは考えていたようだ。しかし、私は党内情勢を分析しながら事態がそう楽観できるものではないことも感じていた。

結局、椎名悦三郎副総裁を中心とする話し合い調整でことが進んだ。十一月三十日に行われた裁定の最終場面には、椎名氏を挟んでいわば総裁候補者の私と三木武夫、大平正芳両氏、それに世話役の中曽根康弘氏の五者が出席した。

そして椎名氏は翌十二月一日午前十時過ぎ自民党本部で、「神に祈るような気持ち」で「三木武夫氏を後継総裁に指名する」との裁定を下した。私は事前に裁定の内容を知っており、直ちにこれを受け入れた。しかし、大平氏は「ちょっと考えさせてほしい」と即答を避けて席を立った。田中氏の意見を聞いてから、ということのようだった。

椎名裁定に至る過程で、私は「福田―大平関係」という非常にデリケートな問題を抱えていた。いろいろと、中に入ってくれる人がいた。いまでもご健在だが渋谷に豪邸を持っている人物がいて、その人が当時の永野重雄日商会頭と大変懇意だった。そこで十一月末の某日、朝六時にその豪邸で福田、大平、永野の三者で会談した。家を出る時は、まだ暗かった。握り飯のようなものをほおばりながら会談したが、まとまらなかった。永野さんは、大平氏を説得する腹だった。この種の会談が何度かもたれたが、結局、話はつかなかった。二人の問題を決着させ「福田の方が先だ」と決めておけば、椎名裁定―三木内閣誕生はなかったと思う。

椎名裁定が示された直後に、総裁室から三木さんが私だけを隣の総裁応接室に連れて行って「ありがとう」と言う。

「とにかく、ああいう裁定が下った。大平君が賛成していないが、大平君が賛成してくれれば、私は誠心誠意責任を果たしたい。しかし、私はただ一人でという考えはありません。君と共同で、協力内閣のつもりです」。

さらに、三木さんは「私がこうなった以上、あなたに副総理をやってもらいたい。同時に経済企画庁長官も兼ねてやってもらいたいので、私は経済については一言も発言しない。全部、あなたに一任だ。それでひとつやって下さいよ」という。

私は「結構です」と返事をした。そして、「『幹事長をだれにするか』という話があるが、椎名裁定にも立ち会ったことだから、ひとつ中曽根君にやってもらい、大平君には大蔵大臣をやってもらうという体制でどうでしょうか」と私が言ったら、三木さんは「それで結構です」という。そういう体制で、三木内閣がスタートした。

経済問題を一任された格好の私は、責任を果たすため、ただちに私を議長とする経済関係閣僚会議をスタートさせた。

三木おろし

三木総理は、これまで話題になりながらも手をつけられなかったいくつかの問題を取り上げようとした。話題を呼んだのが、社会保障を英国流の「揺りかごから墓場まで」と同じように充実させようとした「ライフサイクル計画」の実現と、独占禁止法を米国並みに強化しようという試みだった。

私は相談を受けたとき、「ライフサイクル計画は大規模な増税なしにはできないが、石油ショックで痛めつけられた日本経済の現状で打ち出すのは慎重を要する。独禁法改正も、党内の意見を十分に聞く必要があるのではないか」と答えた。

どちらかと言えば保守的な椎名悦三郎副総裁は、こうした三木さんの姿勢をこころよしとしない。「三木政権自体に問題がある」という意識で、それをポツリポツリと党内に語り掛け始めた。私も七六（昭和五十一）年五月に椎名さんからその話を聞かされたが、

「三木さんにも、なかなかいいところがある。しかも、あなたは三木政権の生みの親ではないですか」と三木総理を擁護した。

ところが、七月二十七日に田中角栄前総理が逮捕され、私の「三木おろし」への考え方が転換し始めた。私は田中氏逮捕の当日、三木総理にこう言った。「田中氏逮捕は、日本政治史上まれにみる大案件だ。あなたは勇気ある行動に出られたわけだが、党内勢力からいうと田中氏は確固たる基盤を持っている。その大きな勢力の統領の首を切った血刀をぶら下げて、これからも三木政治を行うのは容易なことではない。この際、『自民党全体の出直し』ということで、責任をとって総辞職されてはいかがですか」。

そのうちに、私と考えが同じというわけではないが、党内に反三木の声が高まる一方となる。圧倒的多数の自民党議員が参加して、八月二十四日に挙党体制確立協議会（挙党協）がつくられ、三木総理に退陣を迫った。

見ておって、三木さんは田中前首相逮捕で最後の刀を抜いたという感じだった。完全に唯我独尊になり、行き方を間違ってしまった。

三木総理は最後まで粘り、結局、年末の総選挙敗北の責任をとって退陣したが、もし

「田中逮捕」と同時に辞めて自ら自民党改革運動の先頭に立っていたら、三木さんの行動は国民から万雷の拍手を浴びたことだったろうに、と返す返すも残念に思う。

（1）同年十一月号掲載の特集記事「田中角栄研究――その金脈と人脈」「淋しき越山会の女王、〈もう一つの田中角栄論〉」

第五部　福田内閣の誕生

――政権を担当した二年間――

1　首相に就任

私が第八代自民党総裁に選ばれたのは、一九七六(昭和五十一)年十二月二十三日に、自民党本部で開かれた党大会に代わる両院議員総会でだった。この両院議員総会では、三木武夫総裁の正式な辞任表明を了承、私以外に立候補者がいなかったので満場一致、私の総裁就任が決まった。

この年は二月初めのロッキード事件発覚に始まり、七月の田中前首相逮捕、暑い夏を経て十二月五日の衆院議員任期満了―総選挙へと緊張の連続した年だった。

任期満了総選挙では自民党が過半数を大きく割り込み、無所属の当選者を加えてようやく過半数を上回る、という際どい状況に追い込まれた。いわゆる与野党伯仲状況の出現である。

首班指名が行われたのは十二月二十四日、クリスマス・イブであった。
投票の結果は、次の通りだった。

投票総数	五〇八票
福田赳夫	二五六票
成田知巳	一二二票
竹入義勝	五五票
春日一幸	二八票
野坂参三	一九票
河野洋平	一八票
無　効	八票
白　票	二票

衆院本会議での首班指名選挙では、入院中の人にまで登院してもらって、ようやく過半数の二五五票を上回ること一票だった。引き続き投票が行われた参院でも、福田赳夫に対する投票総数は一二五票で、やはり過半数一二四票を一票上回るだけだった。

衆議院本会議にて首班に指名され，
祝福を受ける筆者

まさに危うく滑り込みセーフという、福田内閣クリスマス・イブの厳しい船出であった。

ただ、私は「この異常事態のいまこそ我輩の年来の経綸を行うときだ」と、むしろ勇躍する気持ちで第六十七代内閣総理大臣の地位に就いた。数えだと、七十一歳だった。

ロッキード事件とそれに打ち続く党内抗争、さらには党の分裂状態での総選挙を受けての私の第一の仕事は、自民党の建て直しであった。私は、この難局を乗り切るため「党の出直し的大改革」を断行するという強い決意を表明した。そこで、私は大平正芳氏を党の要《かなめ》である幹事長にして、いわゆる大福体制で臨むことにした。残る党二役には、総務会長に江崎真澄氏、政調会長には河本敏夫氏を配した。

当時は円高の進行で不況が進み、さらにロッキード事件で人心も荒んでいた。政治に対する国民の不信が高まっていた。

予算の編成が迫っている。ぼやぼやしてはいられない。私は「さあ働こう内閣だ」と、電光石火でその日のうちに組閣を完了した。

全党的人事、清新で強力な内閣の布陣が求められていた。私は「清新にして強力」「老・壮・青のバランスが取れた組閣」を目指して、鳩山威一郎外相(参院)、海部俊樹文相、渡辺美智雄厚相、小宮山重四郎郵政相、倉成正経企庁長官、石原慎太郎環境庁長官、藤田正明総務長官(参院)と七人の新人閣僚を登用した。一方、法相に福田一氏、農相に鈴木善幸氏と経験豊かな人たちにも入閣してもらった。(1)

閣僚の選考に当たって、特に意を用いたのは外相人事である。私は、福田内閣のスタート当初から日中平和友好条約の締結を実現しなければならないと考えていた。そこで忘れてならないのは、わが国と当時のソ連との関係を悪化させないことである。あのころは、中ソが対立関係にあった。日中両国が条約締結で友好関係を強化することが、結果的にソ連を刺激することになっては困る。

私は、ソ連が「親ソ的な人物」として評価していた鳩山一郎氏の長男である鳩山威一郎氏を外相に起用した。日中平和友好条約の締結はソ連との敵対関係を生み出すことを意図するものではない、というサインをソ連に送ったわけだ。

私は、初閣議で「国民は清潔で信頼できる政治を心から望んでいる。各閣僚は公私の別を明らかにし、国民全体の師表として率先垂範、政治への信頼回復に努めてもらいたい。また内外の情勢は誠に多事多難であり、難問が山積している。この際、各閣僚は気を引き締め〝さあ働こう〟の気概をもって自ら先頭に立ち、これらに当たってもらいたい」と指示した。

この後の首相談話でも、「私は、今回の総選挙において示された国民の審判の結果を厳粛に受けとめ、全力を傾倒して国民の負託に応える決意である。政治道義を確立して、政治に対する国民の信頼を回復することは現下の最も緊要な課題である。三木前首相はこのために大きな努力を払われ、多大な業績を上げられたが、私もこれを踏まえて、再びロッキード問題等のごとき不祥事件がないよう綱紀の粛正に格段の努力をする覚悟である。一方、物価の抑制、不況の克服をはじめ、資源、海洋問題等、わが国が当面する課題は内外に山積している。いまこそ、清新の気をもってこれらの難問題を処理し、活力ある国政の推進に努める」と述べた。

さらに、私は改めて「〝協調と連帯〟を国政運営の基本に据える」と、政権担当にあたっての決意を明らかにした。

福田内閣は、長年の懸案だった「日中平和友好条約」の締結をはじめ外交面でも誇り得る成果を挙げたが、それらは後で触れることにして、ここではまず私の政局運営と国内政治について述べる。

「出直し改革」の先頭に立つ

私は、近代政党にとって派閥の存在は看過し得ない問題だと認識していた。そこで、あらゆる工夫を凝らし派閥解消の実を挙げるよう努力を傾けていたが、総裁に就任した好機をとらえて一気に派閥解消を実現しようと考えた。

首相に就任して数日後、自民党長老の方々にご参集願って「この機会に派閥を解消したい。そのためには、まず福田派を解消するので、皆さんにもご協力願いたい」と訴えた。

自民党内の派閥を解消し、事務所も閉鎖するとなると、議員が意見交換をする場がなくなってしまって困る。そこで、自民党本部に北海道部屋、東北部屋、関東部屋など地域別に議員が集まる部屋を作った。

懇談する場も必要なので、自民党本部の九階に「リバティー・クラブ」という喫茶中心の施設も作った。さらに私はそれまでの派閥研修会もやめてもらうことにして、派閥研修会に代わる初の党営研修会を計画した。

「議論より実行」と、私は七六（昭和五十一）年十二月三十日の「八日会（福田派）総会」で派閥解消の方針を鮮明に打ち出した。そればかりでなく、率先垂範で翌年三月初めには正式に派閥を解消、事務所も閉鎖して、名実ともに福田派を解消した。そして党内各派にも、改めて同調を呼び掛けた。

私は新聞・報道各社の首脳たちにも集まってもらい、こうした派閥解消のための具体策を説明した。また「新聞記事で、議員名のあとにカッコをして所属している派閥名を書くのは止めてもらえないか」と要望して、協力を求めた。報道各社首脳たちは、快諾してくれた。しかし、各派とも在来の派閥の看板は降ろしたものの、政策集団や個人事務所の形で派閥の実態は温存したままだったようだ。

一方、派閥とカネによる醜い自由民主党総裁選挙を「開かれた総裁選挙」に改革することが急務だった。私は自ら党改革実施本部の本部長に就任、党改革実現の先頭に立った。総裁公選規程の改正は、三木さんが退陣の際、私に申し送った最大のテーマであった。そこで、私は三木提案通りに予備選制度を導入して、党員・党友による「開かれた総裁選挙」を実現するとともに、党財政の確立を目指した。

予備選の実施規定は第三十四回党大会で最終的に決定され、「あなたも総裁が選べます」と党員・党友集めが進められた。そして、翌七八(昭和五十三)年一月末には党員が百五十八万六千人、党友は十九万百六十五人に達していた。

だが後に実施した予備選は中央の派閥解消が形だけに終わり、実態は旧態依然のままにとどまったため、所期の目的とは逆に全国への派閥の拡散につながって、政治刷新ができなかった。これは大変残念なことで、今でも心残りである。

これより先、与野党伯仲の下で通常国会を乗り切った私は、七七(昭和五十二)年七月の第十一回参院通常選挙の陣頭に立つことになった。この参院選は、早くから「与野党逆転間違いなし」との見方が常識化していた。ロッキード事件で、国民が自民党にあいそをつかしていたからである。

しかし、私にとっては政権担当後初の国政選挙であるだけに、絶対に負けられない選挙だった。ただ、自民党内には前年の抗争が後を引き、まだ党内のさまざまなしこりが解消したとは言えなかった。

私は「連合政権とか中道政権により政局の安定を図ろうというがごときは、幼稚な幻にすぎない」と真っ向から野党の連合政権構想を批判し、「ワラは千本束ねてもワラ、柱にはならない」と強気の姿勢で臨んだ。

小手先の政策論争よりも、「『自民党による政局の安定』か『求心力を欠く野党連合』か」の二者択一を、私は国民に迫ったのだ。私はちょうど十年前の一九六七(昭和四十二)年一月、いわゆる「黒い霧選挙」でも自民党幹事長として選挙の陣頭に立ったが、この時も「『自由民主主義』か『社会主義』か」と訴えて苦境を突破した。

私は東奔西走、全国三十五都道府県を巡り歩いて、七十万の人々と会った。結果は、公認候補で地方区四十五名、全国区十八名、計六十三名が当選した。改選議席数六十五を下回ったものの、すぐに自民党系無所属二名と諸派（推薦）の一名を追加公認したので合計六十六名を確保した。

七月二十七日召集された臨時国会では、自由民主党・自由国民会議が非改選を含めて合計百二十五議席と過半数ぎりぎりの勢力を確保した。

必至とも予想されていた「保革逆転」を阻止できたのだから、自民党の善戦だったと言ってよいだろう。しかし、参院における与野党の議席差は七から四に縮まり、伯仲状況はさらに深まった。

人心一新の党・内閣人事

私は思うように捗《はかど》らない景気の回復、対米経済関係の悪化など内外の局面打開を図るため、人心一新と全党体制の確立が急務だと考えた。そこで、私は第八十二臨時国会が七七（昭和五十二）年十一月二十五日に閉幕するのを待って、党・内閣の改造人事に着手した。

福田改造内閣組閣後の記念撮影．前列中央が筆者

党三役は大平正芳幹事長を留任させ、総務会長に中曽根康弘氏、政調会長には総務会長だった江崎真澄氏を横滑りさせることを決めた。政調会長だった河本敏夫氏は、通産相として入閣させた。大平氏は党三役を全員留任させてほしいと希望していたが、私は挙党体制確立の見地から中曽根氏を起用する考えを説明し、大平氏も最後には私の考えを受け入れた。

内閣の方は、米国との経済関係の調整、国内の景気、物価問題の処理、さらに日中、日ソの外交案件もあり、大蔵、通産、外務、経企にウェートを置くことにした。そこで、私は対米関係重視の観点から対外経済担当相のポストを新設して、民間から牛場信彦元駐米大使を起用した。また経企庁長官には宮沢喜一氏を充てて「経済統括」の機能を持たせ、大蔵大臣に起用した村山達雄氏とのコンビで内外経済に大いに腕を振るってもらうことにした。

日中条約交渉を控えて注目を集めていた外相には官房長官だった園田直氏を横滑りさせ、後任官房長官には国対委員長だった安倍晋太郎氏を起用した。すべて、私の構想通りの内閣であった。(2)

苦心の経済運営――十五カ月予算の編成

私が内閣を組織した直後の一九七七(昭和五十二)年初頭の為替相場は一ドル二百九十二円台だったが、七八(昭和五十三)年十月末には一ドル百八十円前後にまで急騰した。このように急激な円高が進む中で、福田政権二年間の経済運営は容易でなかった。

経済重視の内閣改造を行った私は、七八(昭和五十三)年を不況脱出の明るい年にしたいと考えた。そこで私は、七七(昭和五十二)年十一月下旬に昭和五十三年度予算の編成と併せて、五十二年度の第二次補正予算を組むよう指示した。これは、五十二年度第二次補正予算の公共事業と五十三年度予算の公共事業とが切れ目なく執行されて、景気が順調に浮揚することをねらったものであり、世間では「十五ヵ月予算」と呼んだ。一般会計に複数回の補正予算が組まれたのは、昭和四十年度以来のことであった。

自民党は総裁である私のこうした意向に沿って、経済成長率を七%とすることを前提に「建設公債、政府保証債、国庫債務負担行為を積極的に活用し、住宅建設および社会資本整備の大幅促進を図る景気刺激型予算の編成」を求める予算編成大綱を決めた。

また経済情勢に即応して一般的増税も減税も避け、投資促進、住宅および土地対策関連等の誘導政策的税制措置を盛り込んだ税制改正大綱を決定した。

私は、こうして内需振興のため財政が積極的な役割を果たすという基本的な考え方に立って「臨時異例の財政運営」を行う決意を固めた。そこで財政の国債依存率が三〇%を超えることもやむを得ない、とこれを認めることにした。(3)

国際的にも日本は米国に次ぐ世界第二位の経済大国であり、世界を引っ張る機関車としての役割を期待されていた。

私は内閣改造後間もなく、経済対策閣僚会議で経常収支の黒字削減のため東京ラウンドの推進、関税の前倒し引き下げ、残存輸入制限品の輸入枠拡大など八項目を決定し、牛場対外経済担当相を米国に派遣してこうした日本側の努力を説明させた。

福田内閣としては、こうして景気浮揚にいわば背水の陣を敷いた。しかし、インフレを抑えつつ、年率約七%という経済成長を進めることは容易ではない。しかも、急激な円高の荒波の中である。私の苦心の経済運営は一進一退だったが、内需だけを見ると五十三年四―六月期、七―九月期とも年率換算七%を超える伸びが実現できた。私が苦心した経済運営の結果が花開くのは五十四年以降になる。ボン、ロンドン両サミットについては、後の部分で述べたい。

「魚」と「領土」とは切り離す

日ソ漁業交渉は、私の農相時代以前からいつも難航、また難航の連続だったが、福田内閣になってからはそれまでと環境が変わってまた一段と難しくなった。七七(昭和五十二)年の日ソ漁業交渉を前にして、米国が前年の七六(昭和五十一)年に国連海洋法会議の結論を待たず国内法として「漁業保存管理法」を成立させ、二百海里漁業専管水域設定を宣言したからである。

これに刺激されたソ連は、七六(昭和五十一)年十二月十日の最高会議幹部会令で、同じく距岸《きょがん》二百海里水域にソ連の漁業専管水域を設定することを宣言した。予想外に早く二百海里宣言を行ったのだ。(4)

当時、日本はソ連沿岸の二百海里水域でスケソウダラ百万トン、イカ十万トン、ニシン四十万トン、サケ・マス二万トンなど年間約百五十万トンを漁獲していた。これが全部締め出されるとなれば、わが国の北洋漁業にとっては死活の大問題である。しかも、ソ連は七七（昭和五十二）年二月二十四日、適用水域に北方四島の周辺水域を含める措置を決定し、北方領土についての自らの主張を一方的に押しつけようとしてきた。

この問題が生じたのが三木内閣の総辞職直前であったため、解決は後を継いだ福田内閣に持ち越され、福田政権は発足早々から厳しい課題を背負わされることになった。私はそこで、漁業交渉と領土問題はあくまで切り離す、つまり「魚」と「領土」とは明確に切り離して臨むという基本方針をまず決めた。そして、鈴木善幸農相を特命担当相に任命してモスクワに派遣し、イシコフ・ソ連漁業相との交渉に当たってもらった。この交渉は、難航に難航を重ねることになる。

私は、海洋二百海里時代に対応するため、わが国も遅ればせながら領海を三海里から十二海里に改める「領海法案」と北方四島周辺水域を含む二百海里の漁業専管水域を設定するための「漁業水域に関する暫定措置法案」の「海洋二法案」を国会に提出して成立させ、日本も二百海里漁業水域の設定を宣言した。わが国も同じ土俵に乗らないと、各国と対等の立場で話し合えないからである。そこで米国と交渉して、米国二百海里漁業専管水域を前提とした日米漁業協定を締結した。

二月二十八日から始まった鈴木農相とイシコフ・ソ連漁業相との日ソ漁業交渉は、再三の中断をはさんで九十日に及ぶ異例の長期交渉となった。

「領土問題で一歩も譲るな」と、世論も私の主張を全面的に支持してくれた。私はブレジネフ書記長とコスイギン首相に親書を送ってソ連側の再考を促した。

私はまた、野党各党との党首会談で率直に日ソ漁業交渉の経過を説明して、海洋二法の制定に協力を求めた。野党側は最初は異論を唱えていたのだが、こうした私の姿勢を評価して海洋二法は五月二日の国会で全会一致で成立した。

これより先、四月十五日には超党派の国会議員団がモスクワに日ソ漁業交渉支援で出掛けた。私はこのとき、鳩山内閣の日ソ交渉以来の超党派外交が実現したと言ってよいと思う。その甲斐あって、「漁業」で揺さぶりをかければ「領土」で日本側の譲歩を引き出せると土壇場まで強硬な態度だったソ連側も、最後は「本協定は漁業に限る」と領土問題との切り離しに合意した。

人命は地球より重い

乗客百四十二人、乗員十四人を乗せた南回りのパリ発東京行き日航472便DC8がインドのボンベイ空港を離陸直後にハイジャックされたのは、一九七七(昭和五十二)年九月二十八日である。

機長はボンベイ空港の管制塔との交信で、「レッド・アーミー」と叫んだ。乗っ取られた日航機は同日午後二時すぎ、バングラデシュのダッカ空港に強制着陸させられた。犯人側は、①日本国内で服役中の日本赤軍兵士で元京大生の奥平純三ら九人の釈放、②人質の身代金六百万ドルの支払い、を要求した。そして、この要求をのまなければ、人質の処刑を始めると通告してきた。

政府は急遽、園田直官房長官を本部長とする「ダッカ日航機ハイジャック事件対策本部」を設置して犯人側との交渉に入った。

人命尊重か法秩序優先かで閣内でもさまざまな議論が出たが、私は最終的に「人の命は地球より重い」と判断、万やむを得ざる処置として超法規的処置で犯人側の要求を受

首相官邸でダッカ日航機ハイジャック事件の情報を聞く．前列右から２人目が筆者．後列右から３人目は安倍晋太郎国対委員長

け入れるという決断を下した。

幸い、バングラデシュはわが国に対して非常に好意的で、なんとハイジャックの進行中にクーデターが発生したというのに、大統領自身が私と電話で話し合い、機敏に対応してくれた。

事件が一応決着した後、福田一法相が超法規的措置をとった責任を負って辞職した。誠に残念至極だったが、やむを得ないことであった。後任の法相には、瀬戸山三男氏を充てた。

この事件は政府の危機管理の上で

大きな教訓になった、と私は思う。私がこの不愉快な事件で得た教訓は「最高の危機管理の方策の一つは、各国との不断の友好関係だ」ということである。

事件が解決したあと、私は園田官房長官に指示して、政府部内に「ハイジャック等非人道的暴力防止対策本部」を設置し、一カ月以内に結論を出すよう厳命を下した。さらに私は、翌七八（昭和五十三）年七月に西ドイツ（当時）のボンで開かれたサミットの席上、この経験を生かしてハイジャック対策の必要性を説き、共同声明にハイジャック防止対策を盛り込ませた。

新東京国際空港の開港

政府が羽田に代わる新しい国際空港新設の方針を決めたのは、池田内閣当時の一九六二（昭和三十七）年だった。二年後に東京オリンピックを控え、わが国も本格的な「空の時代」に入っていた。各国航空機の羽田空港乗り入れが増加の一途をたどり、許容量は限界に近づいていた。

そこで約四年後の六六（昭和四十一）年七月に、佐藤内閣が新東京国際空港の建設地として成田市三里塚を決定、開港予定日は約五年後とされた。しかし、地元農民の一部が用地買収に強く反対し、過激派集団の応援を得てさまざまな建設妨害行動を展開した。滑走路の収用だけでなく、航空燃料の安全輸送や空港への道路、鉄道などのアクセス（交通手段）確保も進まない。土地収用をめぐって警察官、過激派学生ら双方に多数の死傷者を出す衝突事件が日常茶飯事のように繰り返された。

こうして新東京国際空港は、佐藤、田中、三木と内閣が代わっても、まだ開港のめどすらついていなかった。国際的にも、成田開港は国の威信にかかわるところまで来ていた。なんとかしなければならなかった。

福田内閣が発足した時には、佐藤内閣の成田新空港決定からすでに十年半が経過し、羽田空港の過密状態は極限を越えるところまできていた。

私は七七（昭和五十二）年一月の閣議と、その直後の新東京国際空港関係閣僚会議で「年内開港」に向けて全力を挙げるよう指示した。そして政府、自民党が全力を挙げた結果、七七（昭和五十二）年十一月二十五日の閣議に田村元・運輸相が「昭和五十三年三月三十日開港、四月二日運航開始」を報告するところまでこぎつけた。

ところが、この開港予定日直前の三月二十六日になって、まったく予期しなかった事態が生じた。マンホールを伝わって空港内に入り込んだ過激派学生たちによって空港管制塔が占拠され、機器類が破壊されたのだ。

私は「えらいことになった。国際的にも恥ずかしい限りだ」と思った。自民党の一部には「無茶をすると、安保の二の舞になりかねない」という声があり、中には「ここは開港を延ばし、一年くらい間を置いたらどうか」という意見もあったようだ。

しかし、私は「間をおいてはいけない。そんな悠長なことを言っていたら、これからすべてやられてしまう。政府の権威もなくなる」と考え、断固としてなるべく早く開港するよう指示した。

私は四月三日に福永健司運輸相、加藤武徳国家公安委員長、安倍晋太郎官房長官の三者を呼び、改めて「五月二十日開港、二十一日運航開始」の方針を決定した。翌日、関係閣僚会議を招集して新空港の安全確保対策要綱を決めた。

このあと自民党両院議員総会で政府の方針を説明し、成田空港開港と安全確保対策をめぐって活発な意見交換を行った。二百人を超える出席議員からは「過激派対策には、現行法では限界がある。過激派の拠点になっている〝団結小屋〟撤去を主眼とする新規立法を直ちに行うべきだ」という主張が続出した。

こうした党内世論を背景に「成田空港法[5]」が自民、公明、民社、新自由クラブの四党共同提案による議員立法で成立した。福田内閣はこれを受けて、直ちに関係省・政令を公布、施行した。

破壊された機器類が比較的短期間に交換出来たので、予定通り五月二十日午前に開港式を挙行した。翌二十一日午前九時十五分には、旅客便の一番機が成田国際空港を無事に飛び立った。

潔く官邸を去る

私は「協調と連帯」を基本理念に、政治主導で二年間にわたり精一杯、日本丸の舵を取った。この間、私は資源有限の認識の下で物価の沈静と静かで安定した経済成長を目指して景気の回復につとめた。参院選を乗り切り、次々に懸案を処理しながら、私はわが日本国を国際舞台に押し上げることができたと思っている。

私は米国との緊密な関係を維持する中で、二回にわたる先進国首脳会議を通じて国際協調の必要性を説き、保護貿易の危険性を指摘した。こうした努力によって、私は自由主義経済体制のスクラムを維持しながら「世界の中の日本」の地位を不動のものにすることができた、と自負している。

資源・エネルギーの分野でも、米国との核融合エネルギー協力開発の体制を確立して、私は二十一世紀に向けた日本への道筋をつけることができた。

こうした実績が国民に評価され、福田政権後期には保守回帰の傾向が顕著になり、自民党支持の理由に「安心できるから」が増えてきた。

「さあ働こう内閣」がようやく国民から評価され始めたころ、二年間の自由民主党総裁の任期が近付いてきた。私はこの路線を定着させ、自民党安定政権の礎をさらに一歩進めたいものだ、と考えていた。

しかし、一九七八（昭和五十三）年の秋になると、予備選導入後初めての総裁選をめぐる動きが一段と活発化してきた。まず大平派が予備選挙の臨戦態勢を作った。「大平派もぼつぼつ動き出さないと、間に合わなくなる」という、田中サイドからの働き掛けによるものだったようだ。

予備選が本格化するにつれて、各種世論調査では当初、私が圧倒的に優勢とみられていたのだが、〝大角連合〟の追撃にはすさまじいものがあった。そして、予備選はそうした田中・大平連合軍の総動員体制で思わざる結果に終わった。

私の周辺では「あくまで国会議員による本選挙で巻き返そう」という意見が多かった。「金権、物量の前に、このまま引き下がるべきではない」という石原慎太郎、中川一郎両氏らの主張が大勢だった。しかし、私は自分で「潔く辞めよう」と決断した。私は選挙の過程で「予備選で鮮やかな結果が出たら、その結果に従わなければならない」と主張していたし、「政治家として自分の言葉に責任を持つべきだ」と考えたからだ。

諦《あきら》め切れない石原慎太郎、中川一郎両氏らが、引退表明の記者会見に行こうとする私の前に両手を挙げて立ちはだかり、止めにかかったものだ。しかし、私はこれらの諫止《かんし》を排して、記者団に潔い退陣の決意を表明した。「天の声にも、変な声もある」とつぶやいたのは、この時である。

「総理・総裁は辞めたが、政治家を辞めたわけではない。これからも党改革に関心を持って進んでいきたい。私は『昭和の黄門』として全国を駆け巡る。清く、正しく、たくましく、自民党をこんな風に作りあげたい」。

私は退陣後間もないころ、同志たちとの集まりでこう述べた。党改革の実現と保守再興こそ、私が一貫して追い続けていた目標だからである。

私は政権担当直後に「八日会」(福田派)を率先して完全に解散し、再選が迫った時も「派閥事務所復活」を訴える同志たちの声をガンとして受け入れなかった。だが、私のこうした政治信念は予備選での「金権・物量攻勢」の前に敗れてしまった。

新しい総裁の派閥である大平派が堂々と派閥の闊歩を容認している以上、これに対抗するためには同憂の士たちを糾合しなければならない。そう考えて、翌七九(昭和五十四)年一月八日に「清和会」を発足させた。派閥のためのグループではなく、天下国家を憂い、政治を正しくするための清く、なごやかな会への願いを込めての再出発だった。この時、組織の若返りを図り、安倍晋太郎氏を代表世話人に据えた。

(1) 第一次福田内閣の顔ぶれ

法務　福田　一
外務　鳩山威一郎
大蔵　坊　秀男
文部　海部俊樹
厚生　渡辺美智雄
農林　鈴木善幸
通産　田中龍夫
運輸　田村　元
郵政　小宮山重四郎
労働　石田博英
建設　長谷川四郎
自治　小川平二
官房　園田　直
総務　藤田正明
行管　西村英一
防衛　三原朝雄

経企　　倉成　正
科技　　宇野宗佑
環境　　石原慎太郎
国土　　田沢吉郎

(2)　福田改造内閣の顔ぶれ

法務　　瀬戸山三男
外務　　園田　直
大蔵　　村山達雄
文部　　砂田重民
厚生　　小沢辰男
農林　　中川一郎
通産　　河本敏夫
運輸　　福永健司
郵政　　服部安司
労働　　藤井勝志
自治　　加藤武徳(参院)

官房　　安倍晋太郎
総務　　稲村左近四郎
経企　　宮沢喜一
科技　　熊谷太三郎（参院）
環境　　山田久就
対外経済　牛場信彦（民間）

（3）　昭和五十三年度予算の政府原案は、一般会計三十四兆二千九百五十億円、前年度当初比二〇・三％増となった。うち公共事業費は五兆千八百三十八億円となり、前年度当初比は三四・五％増と過去最高の伸びを示した。しかし、このため国債発行額は十兆九千八百五十億円と十一兆円に迫り、国債依存率は三二％に上昇した。これによって、五十三年度末の国債発行額は、四十三兆三千九百六十億円、一般会計の約一・三倍に達することとなった。

（4）　二百海里水域とは、沿岸国が領海（一般には十二海里）を越えて沿岸二百海里まで、漁業資源に対する管轄権を主張する水域をいう。二百海里水域設定が世界の大勢となったのは、一九七三年末に始まった第三次国連海洋法会議においてだった。しかし、特に米国が七六年四月に「漁業保存管理法」を国内法として成立させてからはECや旧ソ連などの海洋先進諸国の水域設定の動きが先行し、国連海洋法条約が成立する以前にそれが世界の海洋体制になってしまった。（自由国民社版『現代用語の基礎知識』）

（5）「新東京国際空港の安全確保に関する緊急措置法」の理由＝新東京国際空港若しくはその機能に関連する施設の設置若しくは管理を阻害し、又は同空港若しくはその周辺における航空機の運航を妨害する暴力主義的破壊活動を防止するため、その活動の用に供される工作物の使用の禁止等の措置を講ずることとした。

2　政治是最高道徳

「金権支配」との戦い

内閣総理大臣を辞めた後の私の政治行動は、一言でいえば自民党、ひいては日本の政治をゆがめ、汚してきた「金権支配」に対する戦いであった。既に述べたように、私は何人に対しても個人的には、何らの怨《うらみ》も抱いてはいない。しかし、「政治は力、力の源泉はカネだ」と割り切る党内の流れだけは、どうしても許すことが出来なかった。

残念ながらこの「金権支配」の流れは、福田内閣でいったん断ち切ったものの、やがては復元して自民党を蝕み、日本の政治構造全体を救い難いまでに腐敗させてしまった。いわゆる「四十日抗争」も、一時は総・総分離に応じざるを得ないと決断したのも、また異例の総裁声明を発表させたのも、私としては政策と人事を中心に政治権力を裏から操っていた金権支配の影響力をなんとか排除したいと考えての行動であった。

いわゆる四十日抗争

そこで世間でいう「四十日抗争」は、まず大筋をいうと私の後に大平正芳氏が政権を担当したわけだ。私の後は大平氏が継ぐのが自然であり、大平内閣ということについて私は異議を差し挟む考え方は全然なかった。

ただ、私は彼のやり方に不満がないわけではなかった。福田内閣で日中平和友好条約を締結した直後は、かなり自民党の大勢《たいせい》がよかった時期である。私は国会を解散して民意を問いたいという考え方を持っておったのだが、幹事長だった大平氏はあまりそれに乗ってこない。むしろ、周辺からは解散に反対する言動が活発になった。

それと、三木、福田両政権の時代は党内融和、挙党体制の見地から、幹事長は総裁派閥からは出さずに他派から選んでいた。ところが、大平首相になると「三木、福田両政権は話し合いで選出されたが、自分は公選で総裁に選ばれたのだから違うんだ」と主張して、自分の派閥に属している斎藤邦吉氏の幹事長に固執する。

その結果、首班指名選挙がつまずき、大平内閣は一日遅れてようやく発足するという状況だった。福田・大平会談で「今回の幹事長人事は〝差し当たり〟とする」ことによって妥協が成立してのスタートだった。

しかも、私の内閣での解散にあれほど反対した大平氏が、自分の体制になると国会を解散するという動きに一変する。

私は、この解散―総選挙には反対だった。そこで「いまは、その時期ではない。内外の情勢から判断して、国民はわが党に対して必ずしもいい感じを持っていない。こういう際に強いて解散ということになると、（自民党惨敗といった）不測の事態が起こるかもしれない」と、反対論を展開した。三木、中曽根両氏の方も、同様に解散反対の立場を鮮明に打ち出していた。

ところが、大平氏は党内のそういう大勢をあまり考慮しないままに、国会解散を強行してしまった。七九（昭和五十四）年十月のことである。

大平氏は、解散前に「財政再建のための一般消費税導入」の構想を掲げ、強気で選挙に突入していった。一般消費税に対しては、野党はもちろんのこと自民党内や財界から猛反対が噴き出した。大平首相は、ついに選挙戦の最中に「一般消費税は導入しない」と言わざるを得なくなった。そうした事情もあって、自民党二百四十八議席という惨憺《さんたん》たる結果に終わったわけだ。

解散についてはかなり各方面に批判があった。また、私だけでなく他の党内実力者たちも反対を公にしておったのに解散を強行し、結果は自民党の惨敗であった。国民に信を求めて、その信が得られなかったのだ。これに対しては、明快な政治行動をとっていかなければならぬはずだ。

私は、大平首相にそのことを率直に申し上げた。つまり、内閣総辞職をするのが筋だということだ。私が彼の立場なら、もちろんそうしたところだ。私だけでなく、三木、中曽根両氏も「責任の明確化」を迫ったのだが、大平首相は「私はそうは考えない」ということで粘ろうとする。自民党内が完全に二分した形で、首班指名が行えない。

私が説得しても、大平氏は「私はあなたの意見に従って辞めるということにしても結構ですよ。しかし、あと適当な人がおりますか」と、こういうことを言う。そこで、私は「おる。灘尾弘吉氏だ」と言った。

彼はしばらく考えておって「いや、ちょっと年が進み過ぎておる。灘尾さんは、私は適当ではないと思う」と言う。「『灘尾さんは適当じゃない』と言うが、君が辞めるということになれば、人材はいくらでもおる。あとの人が相談して決めますよ」と言ったら、「いや、それは福田さん、私に死ねということだ」と、そんなことを言う。

西村英一さんが副総裁で調整役に回ってくれたが、私は「このはっきりした筋だけは曲げるわけにいかん」と最後まで主張した。しかし、結果的には大平氏が自らの主張を押し通すものだから、ぶざまなことになってしまった。

大平氏は田中元首相と一線を画す考えを持っていたのだが、私と対立するようになると田中氏を頼りにする。ついに自由民主党から二人の首班候補が出て、決着がつかない。本会議にまでそれを持ち込むという事態になった(1)。

この経緯は「四十日抗争」などと言われ、騒がれた。その後の大平首相の国会運営については、やっぱりそのしこりが残った。

ハプニング解散—総選挙

大平氏は田中派の全面的な支持を得て第二次内閣を発足させたが、八〇（昭和五十五）年に入るとＫＤＤ（国際電信電話会社）事件にみられる公費天国問題など、政官界の綱紀のゆるみが世論の強い批判を受けるようになる。自民党内からは綱紀粛正、党改革の声が高まり、野党は内閣不信任案提出で足並みを揃えた。

私と大平首相との間は、大平氏と同じ香川県の福家俊一氏が彼といつでも会えるような立場で往来しておった。

八〇（昭和五十五）年の五月になって、党改革と綱紀粛正についての問題があり、私は三木武夫、中曽根康弘両氏らと衆議院第一議員会館の会議室で大平首相のこうした問題に対する「回答」の内容を検討していた。私は話をつけようと思っておったのだが、福家氏が先走ってしまった。私が最後の断を下す前に、彼と大平首相との話が決裂し、大平首相が灘尾議長に不信任案採決のための衆院本会議を招集するベルを押すよう要請してしまった。

あれよあれよ、という間に私たちのほとんどが出席しないまま本会議が開かれてしまった。内閣不信任案が提出されていたから最優先で審議ということになって、賛成二百四十三票、反対百八十七票という大差で不信任案が成立してしまった。
野党だった民社党の春日一幸氏らいろいろ意見を言う人がいたので、私はそうした意見を聞いて対応をどうしたらよいのか、うまく収めたいと考えておったのだが、そういかない。図らずも、国会解散だということになってしまった。

たまたま既に第十二回参院通常選挙の日取りが六月二十二日に内定していたので、衆院の総選挙も同じ日に実施することになった。「衆参同日選挙」と言われている。あの同日選挙の最中に大平氏が急死するということがあったが、衆参両院とも自民党が圧勝した。大平氏は気の毒にも自民圧勝の結果を見ることなく、他界された。大平氏の後任者には、私も支持した鈴木善幸氏が選ばれた。

鈴木氏後継で総・総分離論

一九八二(昭和五十七)年の十月に入って間もないころ、私は関西の新聞社・テレビ局が大阪で開いた公開討論会に出席していた。招かれてアメリカからやってきていた当時のジェラルド・ルドルフ・フォード前大統領、ヘンリー・A・キッシンジャー元国務長官が一緒だった。

私はもちろん壇上の席にいたわけだが、そこへ「鈴木首相が辞意表明」と書いたメモが入って来た。突然のことで、私はメモはすぐ見たものの、それを会場の人たちに知らせると混乱しかねないと思ったので討論会を最後まで続け、終わったところで新幹線に飛び乗り帰京した。

鈴木善幸首相が正式に退陣を表明したのはこのあとの十月十二日で、本格的な後継総裁選びもそれからスタートした。最高顧問会議が開かれ、後継総裁選出の手順、段取りをめぐる話し合いが行われた。

さらに十六日には総裁公選が告示され、中曽根康弘行政管理庁長官、中川一郎科学技術庁長官、河本敏夫経企庁長官、安倍晋太郎通産相の四人が立候補の届出をしたが、私は当初なんとか予備選を回避して話し合いでまとめようと考えていた。

最高顧問会議では、後継総裁の人選について私と鈴木総裁、二階堂進幹事長の三者と党四役（二階堂幹事長、田中龍夫総務会長、田中六助政調会長、町村金五参院議員会長）による調整に委ねようということになった。そこで、まず予備選の運動を告示後一週間は〝凍結〟

して調整の話し合いをしたのだが、なかなか決着がつかない。

十月二十二日夕刻から二十三日未明にかけて、自民党本部の総裁室でどん詰まりの徹夜協議になった。私と鈴木総裁、二階堂幹事長の三者だったが、鈴木氏が「私は去り行く者ですから、ただ席におるだけで発言はいたしません」というので、ほぼ私と二階堂氏との間で話が進んだ。

私はいろいろ考えて具体的な提案をした。例えば「河本敏夫、中曽根康弘両氏による総・総分離は考えられないか」、あるいは「いま名乗りを挙げている四候補には総辞退を求め、第五の候補として桜内義雄氏か福田一衆院議長はどうか」と主張したのだが、賛成を得られない。

どんどん時間がたつ間に、あのころ国対委員長だった田村元氏が鈴木、二階堂、福田の三者が協議中の総裁室に激しい勢いで入って来た。「ここまで来て、予備選を回避できないはずがない。総・総分離論もある。福田さんのような人はどうか」という。

二階堂幹事長も「福田さんが総裁になれば、国民もなるほどと思う。総理は中曽根さんだ。それでいこうじゃないですか」と同調する。鈴木総裁は私と二人きりになって

「ぜひ受けてほしい」と口説く。私は「総・総分離というなら河本・中曽根両氏の組み合わせでどうか」と言ったのだが、「それでは、だめだ」と今度は二階堂氏や田村氏と一緒になって私を説得にかかる。

私は「そういう考え方は一切だめだ」と固辞した。そして、いったんは「予備選もやむを得ないか」と判断して、待機してもらっていた最高顧問たちに集まってもらおうと連絡をとりかけたのだが、ついには「それでは、福田さんに次の党大会までやってもらったらどうだろう」とまで言い出した。

私もそこで「みなさんがそこまで言われるのなら、私の影響力がある三人の候補の方に意見を聞いてみる」となった。そのとき私は腹の中で、次の党大会まで時間は何週間もないが、それまでの間に党改革の大筋を固めてしまい、その後にバトンタッチしようかと考えたのだ。

結局、河本敏夫、安倍晋太郎、中川一郎の三氏は私の考えを聞いて、最終的には「福田先生がおっしゃるのなら、了承します」となった。しかし、中曽根康弘氏だけは「皆さんの言われることはよく分かりますが、もう少し考慮の時間を頂きたい」と引き取ったのち、「やはり予備選をやりましょう」と総・総分離に反対の態度を表明した。マスコミは「田中元首相に『反対しろ』と言われたのだ」と書き立てた。

このため、いわば万策尽きた形で予備選に突入していった。結果は、中曽根、河本、安倍の三氏が総裁決定選挙の候補者となったが、河本、安倍両氏が立候補を辞退したため中曽根総裁が確定した。

異例の総裁声明

東京地裁がロッキード裁判の田中角栄被告に懲役四年・追徴金五億円の実刑判決を下したのは、一九八三(昭和五十八)年十月十二日だった。厳しい世論を背景に、実刑の一審判決が出されたのだから田中元首相は自発的に衆院議員を辞職すべきだ、という声が政界にも渦巻いた。しかし、田中氏はもとより彼の周辺からも、一向にそうした動きが出て来ない。私は、それを非常に残念なことだと思った。

そして約一ヵ月後、第百回臨時国会最終日の十一月二十八日に社会党など野党四党が共同で内閣不信任決議案を衆院本会議に上程したのに対し、内閣は総辞職ではなく憲法

第七条による衆院解散を選択した。田中問題に政権政党としてハッキリした態度を示さぬまま、この時期に衆院を解散することについては、自民党内にもさまざまな意見があったにもかかわらず、あえて解散の挙に出たわけだ。

果たせるかな、自民党が十二月十八日に行われたこの〝ロッキード解散―総選挙〟で得たのは二百五十議席。解散時の二百八十六議席を、実に三十六議席も減らすという惨敗である。敗因は、明らかであった。

選挙後に開かれた自民党最高顧問会議でも「選挙敗北の最大の原因は、田中問題にけじめをつけられなかったことだ。田中元首相の、自民党に対する一切の影響力を排除すべきだ」との発言が相次いだが、異例の(中曽根)総裁声明が発表されて収拾となった。

二階堂進氏擁立劇の顚末

田村元氏が世田谷・野沢の私の家にやってきたのは、八四(昭和五十九)年九月十二日だった。

田村氏は「まだ誰にも話していないんですが、二階堂政権をつくりたいと思うんです」という。「二階堂進氏を首班にしよう、これから鈴木善幸氏にもこの構想を話すつもりなので、鈴木氏と会談してほしい」と言い添えて、田村氏は帰っていった。そのうちに、民社、公明両党幹部の中にもこの構想に同調する動きが出てきた。

二週間ほどして、私は渋谷の田村邸で鈴木善幸、田村元両氏と会談した。両氏とも(田中氏の影響排除をうたった)「総裁声明」が一向に実行されていないと指摘した。

そこで私は「執行猶予論」というか、もう少し「直角体制」が改まるかどうか様子をみようではないか、と言っておいた。

三日ほどして、田村氏がまた電話をかけてきて「鈴木、二階堂両氏がうちに来ているので、おいで願いたい」という。行ってみると二階堂氏は「福田さん、鈴木さんから総裁候補に推されて感激の至りです」と、まさに感激の面持ちだった。同時に二階堂氏は、この構想に異常な決意を示した。

このころには、二階堂首相に宮沢喜一副総理、林義郎官房長官、河本敏夫副総裁、安倍晋太郎幹事長、そして、総理経験者の福田赳夫、鈴木善幸両氏には党最高顧問をお願いしたい、という具体的人事構想をぶつ人も出てきた。

しかし、十月二十四日になると金丸信氏が私の事務所にやってきて「田中派は中曽根氏支持で固まっている。二階堂氏擁立は認めない」という。

その後、さまざまな経緯があったが、十月二十八日になって私と二階堂進、鈴木善幸、河本敏夫各氏とが会談した。この席で、二階堂氏は改めて決意を示したものの、二時間ほどたつと「総裁には多くの批判が寄せられているが、これは副総裁である私にも責任の一端がある」と言い出して、万事休すだった。

二階堂氏擁立の動きに同調したのも、私としてはこれによって金権支配を断ち切れないかと考えてのことだったが、あれほど決意の固かった二階堂氏がなぜ変わったのか、民社、公明両党との話し合いはどういう内容だったのか、いくつかのミステリーが残った。

（1）　首班指名の特別国会は、総選挙の投票日から三十日以内に召集することになっているが、この時は自民党の首班候補が一本化できないまま特別国会が召集された。その間に「総理・総裁分離論」や「総裁代行案」などさまざまな案が話し合われたものの、まとまらなかった。

大平首相に責任の明確化を求めるグループは「自民党をよくする会」(会長・井出一太郎氏)を発足させて、福田赳夫を首班候補に擁立した。

第一回投票では、

大平正芳　一三五票

福田赳夫　一二八票

で、いずれも過半数に達せず、決選投票の結果、

大平正芳　一三八票

福田赳夫　一二八票

となり、辛うじて大平氏が指名された。十月七日の総選挙から数えて、四十日ぶりの第二次大平内閣スタートであった。

第六部　世界の中の日本

――「心と心」の福田外交――

1　私の外交理念

日本外交の枠組みの拡大

福田内閣では、田中内閣による日中国交回復後も手つかずになっていた「日中平和友好条約」の締結を実現した。そのほか、対アジア外交の基本理念を明確にした「福田ドクトリン」の提示、ロンドン、ボン両サミットと日米経済・貿易関係の調整などが特に印象深く記憶に残っている。

私は福田内閣の外交面における使命が、基本的に二つあったと思う。第一は、日本外交の枠組みをいかに拡大していくかということである。

一九七〇年代の末は、日本の力が国際社会で客観的に認められ始めた時期であった。

私の言ってきた「世界の中の日本」が存在感を増し、各国の間に日本を除外した国際秩序の強化は現実問題として不可能だという認識が深まってきた。そこで、各国の側には日本をパートナーとして積極的に迎え入れようとする気運が高まりつつあった。日本の立場は、経済の分野ではすでに確立していたのだが、政治の分野では、それがまだ客観的な現実にはなっていなかった。

もう一つは、第一次石油ショックの後を受けて、非常に混乱した国際経済、とりわけマクロな世界経済全体の調整ということが主要国にとっての課題であった。その中で、日本がいかにリーダーシップをとっていくかということが、重要になる。

この二つが福田内閣にとって外交上の基本的課題であった。

第一の点は、つまるところ日本の外交基盤をいかに拡大していくかということである。そこで、私は「全方位平和外交」という考え方を表明した。それは何かというと、外交の基盤を拡大して、例えば日米関係だけを中心にしての二国間の枠組みの中で、日本の外交を受身に調整していくのではなく、もっと広くさまざまな地域的問題にも働きかけていくということである。

しかし、この言葉は残念なことには若干誤解された面もある。私の掲げた「全方位平和外交」が「全方位外交」と受け取られて、米ソ双方に対して等距離の姿勢をとる「等距離外交」ではないかという批判も受けたからである。これは全くの誤解であって、等距離外交ではない。私の表明したのは、全方位外交ですらなくて、全方位平和外交である。

従って、全方位平和外交の基礎になるのは日米関係の強化であって、日米関係を基軸として、他の地域にも積極的に働きかけていこうという考え方であった。わが国にとって、米国との関係が他のいかなる国との関係にもまして重要なことはいうまでもない。日米両国間の緊密な友好協力関係を維持・増進してゆくことは、日本外交の基本的政策なのである。

私は、日米関係をきちんと固めておかなければ外交基盤の強化拡大はできないという認識に基づいて、内閣成立直後の七七(昭和五十二)年三月に米国を訪問した。ジミー・カーター政権は、その年の一月にスタートしたばかりだった。

そこで福田・カーター会談の内容は日米安保体制を基軸とする日米の政治関係をいか

に強化していくか、つまり日米協力関係の確認が中心であった。国際社会が多元化し、複雑化すればするほど、また日本の国力が充実すればするほど、日米両国の世界に対する責任と役割りは重きを加え、日米両国の提携は一層重要性を増すということに関し、私とカーター大統領との意見は一致した。

二日間にわたったこの首脳会談の議題は、極めて多彩なものになった。日米安保条約の堅持、自由貿易体制の維持という基本的な問題はもとより、国際経済発展のための日米両国の協力と貢献について真剣な議論をした。

私とカーター大統領との意見は、国際経済の安定的発展のためには先進工業諸国の景気回復が不可欠であり、日米両国を含む経済規模の大きい諸国がインフレの再発防止を図りながら、それぞれの国の実情に見合う形で世界経済を浮揚させる、という考えでぴたりと一致した。二カ月後にロンドン・サミットを控え、日米両国首脳の息が合ったことは、国際関係の前途に明るさを感じさせるものであった。

アジア・太平洋地域における安全保障問題に関連して、カーター大統領は就任早々、在韓米地上軍の削減を表明していた。私としては、当然のことながら同地域における米国のプレゼンスの維持・継続を求めた。これに対し米国側は、太平洋国家として今後ともアジア・太平洋地域で積極的、建設的な役割を引き続き果たすことを確認した。その上でカーター大統領は、米国の意図する在韓米軍の削減については「米国が韓国と、また日本とも協議の後、同半島の平和を損なわないような方法でこれを進めていく」ことを表明した。

緊迫した空気の中でのやり取りだったが、アジア・太平洋地域の現実について相互理解を果たし得たことは貴重な成果だった、と私は思っている。

この時の会談では、人権外交も議題になった。米国における人権外交は議会の対外援助政策に端を発するといわれているが、カーター大統領は世界における人権尊重の促進をアメリカ外交の主要目的として登場したという経緯がある。個人の自由と基本的人権の尊重は、わが国憲法の基調をなすものであり、私も米国の人権外交についてはかねてから深い関心を寄せていた。

この問題は、共同声明において「民主主義の共通の価値観および個人の自由と基本的人権の深い尊重に基礎を置く両国の提携関係を一層強化していくとの共通の決意を確認

ホワイトハウスにおける歓迎式典でスピーチ

した」と集約された。私は、日米パートナーシップ推進の重要性を日米両国民に伝えるメッセージになったと考えている。

また、共同声明第七項の後段には、「大統領は、日本が国際連合安全保障理事会の常任理事国となる資格を十分に満たしているとの信念を表明し、また、この目的に対する米国の支持を言明した。総理大臣は、大統領のこの発言に謝意を表明した」とある。

これが、あのころの国際情勢の変化を背景にしたカーター大統領の認識であった。

ともあれ私はまずカーター大統領との日米首脳会談を終え、これで日本の外交基盤を強化拡大する基礎固めができた、と確信することができた。

ただ、一つだけ問題が残った。それは核の平和利用である。カーター大統領は就任早々、核の平和利用については大変厳しい姿勢を打ち出していた。特に核廃棄物すなわち使用済み核燃料の再処理は他の国に対しても認めない、という方針を打ち出そうとしていた。

しかし、日本は既に茨城県東海村の核燃料再処理工場の計画を進めていたから、これをどうするかということが会談の大きなテーマになった。結局これは、私も強く主張した日米間の話し合いによって従来通り再処理を認めるという方向が後に導き出された。七七(昭和五十二)年の日米首脳会談は、このような具体的問題もあったけれど、要は日米関係の政治的基礎をいかに固めるかというところに最大の眼目があった。

福田ドクトリン——心と心のふれあい

こういう基礎固めの上に立って、私は同年八月に東南アジア諸国を歴訪した。その中で特にＡＳＥＡＮ(東南アジア諸国連合)と日本との関係を、新しい次元のもとで構築することが、全方位平和外交の一つの明確な表れであった。

福田内閣が成立した七六(昭和五十一)年という年を考えると、その前年の七五年にサイゴンが陥落してアメリカがベトナムから撤兵している。インドシナ半島が、不気味な雰囲気に包まれていたことはもとよりだが、東南アジア諸国全体に将来への不安感が拡まり、緊張が高まっていた。日本、米国との関係を含め、これからの東南アジアはどうなるのかという懸念が噴出してきた時期であった。

私の対アジア外交の根幹は、わが国がアジアの一員であり、この地域における平和と安定の確保は世界の平和と安定に不可分のものであり、また、わが国自体の繁栄にとっても欠くことのできないものと考えるところにあった。そして、私はこの地域の安定と繁栄のため積極的に貢献することが、わが国の果たすべき責任であると自覚していた。

私は七七(昭和五十二)年八月、マレーシアのクアラルンプールで開催されたASEAN首脳会議に招かれて出席した。当時、この会議に日本の首相が招かれること自体が異例のことであったが、私は会議出席に引き続きマレーシア、インドネシア、シンガポール、タイ、フィリピン、ビルマ(現在のミャンマー)の東南アジア六カ国を歴訪した。

日本の政治家として、長い間、東南アジア諸国を見守り続けてきた私としては、これら諸国歴訪に当たっては深く心に期するものがあった。それは、私の政治理念に基づいて日本とASEAN諸国との間に緊密な善隣友好関係を構築するとともに、それまでになかった新しい国際関係の規範をつくることであった。

私は、この東南アジア六ヵ国歴訪を通じてまずASEAN諸国に総額四千億円を超える開発援助を約束した。これは、従来の日本の援助実績からすると桁違いの金額であった。

そして、私は最終訪問地であるフィリピンのマニラで締めくくりのスピーチをした。一九七七(昭和五十二)年八月十八日のことである。会場のマニラホテルには、マルコス大統領はじめフィリピン側要人が多数出席した。後に「福田ドクトリン」と呼ばれるようになったこの声明は、当時の総理秘書官であった外務省の小和田恒氏(現・国連大使)が中心になって起草したものである。

その骨子は、

一、日本は、軍事大国にはならない。

アジア諸国を歴訪し，マニラで福田ドクトリンを発表

二、ＡＳＥＡＮ諸国との間に「特別な関係」を認め、同じアジア人として「心と心のふれあい」を大切にし、民族の多様性を肯定しつつ対等の立場で協力する。
三、日本はＡＳＥＡＮ及びその加盟国の連帯と強靱性強化の自主的努力に対し、志を同じくする他の域外諸国とともに、積極的に協力し、またインドシナ諸国との間の相互理解と平和共存を期待する。
というものである（巻末〈資料2〉参照）。

これは、まさに東南アジアと日本との関係を新しい次元に持っていくということが根本で、その背景にはサイゴン陥落に伴う東南アジアの政治情勢の急激な変化があった。そういう中で、日本が東南アジアのパートナーとして協力していくという考え方を打ち出すことに重要性があったのである。日本は軍事大国にはならないということを中心に、日本の立場と国際的役割を全世界に向けて表明したものであった。

スピーチが終わった瞬間、会場は割れるような拍手に包まれていつまでも鳴りやまず、私自身「これで、アジアの未来が開かれるだろう」と確信した。

ASEAN各国への波及効果も大きかった。中でもタイのプミポン・アドゥンヤデート国王は大変感動して、私に、国王が学長をしているタマサート大学の名誉学位を贈りたいと言ってこられた。

私は今でも「福田ドクトリン」が東南アジア諸国で脈々と生き続けている、と感じている。

私と東南アジア

私は、それでなくても東南アジアについては前々から特別な関心を持っていた。フィリピンについても、インドネシアについても、あるいはマレーシア、シンガポール、ビルマ（現在のミャンマー）についても、これは政府の立場を離れて、私は他の人に比べるとより深い関係を築いておった。

例えばフィリピンである。岸（信介）さんが日比関係を開拓されて、私は岸さんの周辺にいた関係上、ほとんど歴代のフィリピン首脳と親交を持つようになった。また日比間のODA（政府開発援助）の問題などについても、特別の協力をした。

岸さんとフィリピンとの関係は、東条内閣時代にさかのぼる。東条内閣が援護した戦時中のフィリピン政権の大統領はラウレルという人で、彼は東条首相が主宰した大東亜会議にも出席している。

日本の敗戦で、ラウレル大統領は本国では安住できず日本に逃げてきた。日本の陸軍士官学校を出た子息のラウレル三世を連れて奈良にやってきたのだが、米軍のMPに捕らえられて岸さんと同じ巣鴨刑務所に収容され、獄中で岸さんと親交を結んだ。ところが、日本とフィリピンとが国交を回復すると、ラウレル三世が初代大使として日本にやって来た。自ずと、岸さんを頼りにする。それで「日比友好協会」というのが出来て、岸さんが初代会長になった。岸さんが亡くなったあとは、私が会長を務めている。

インドネシアもまた、岸さんと関係がある。岸さんはスカルノ大統領と大変懇意だった。ところが、スカルノ氏に対してその腐敗政治をとがめる動き、つまりスカルノ排撃運動が起こるようになる。スカルノ氏がこれを圧迫する。その圧迫から逃れるため、国外に逃避する人がかなり出てきた。

その中の一人に、インドネシア大学教授で経済学者のスミトロ・ジョヨハディクスモ氏がいた。この人はスカルノ腐敗政治排撃の中心人物だったが、スカルノ氏に追われる形で国外に脱出し、とにかくスカルノ政権が倒れるまで十六年間も海外で逃避活動をした。この人はまた、いろいろな人的関係を経由して私を頼るようになった。

彼が逃亡中に、海外で一番長く滞在したのはインドネシアの旧宗主国であったオランダである。次いで長かったのがパリ。それから時々、日本にやって来た。来ると私のところへやってきて、朝食などをしばしば私の家でとった。

そして、十六年目にしてスカルノ政権転覆に成功し、今のスハルト政権になった。スハルト政権になると、その周囲のほとんどがインドネシア大学でスミトロ教授に教わったグループで構成された。従って、スハルト政権が出来た直後の閣僚はほとんど私の顔見知りの人で占められていた。十年くらい前になるが、スハルト氏とスミトロ氏の子供同士が結婚している。

元日本留学生たちとの交流

一九七四(昭和四十九)年四月、アジア開発銀行の総会がマレーシアの首都クアラルンプールで開催された。私は大蔵大臣としてこの総会に出席したわけだが、たまたま旧知の国会議員ダト・ラジャ・ノンチック氏とお目にかかる機会があり、話が日本への留学問題になった。彼自身も戦時中の南方特別留学生として立教大学に学んだことがあり、大変な知日家だし、親日家である。

ところがノンチック氏によると、せっかく日本で学んでも、帰国するとほとんどの人が反日家になってしまう、という。国も企業も、特に日本からの進出企業が、日本で学んだことを評価してくれないというのが本音のようだ。その寂しさから反日へと走ってしまうのではないか、という。同時に、そういう姿を見た若者たちの間では、日本への留学希望者が激減しているという話である。

私はそうした元留学生たちに、変貌を遂げた今日の日本をぜひ見てもらいたい、日本への認識を新たにしてほしい、という思いから、ノンチック氏に「日本で元留学生たちの同窓会をやろう」と提案した。帰国すると早速、大蔵大臣である私が外務省に対し「日本に留学したことのある東南アジアの人たちを、日本に呼んで同窓会を開きたいので、夫婦五十組分の旅費の予算要求をせられたい」とお願いをした。

一方、ノンチック氏はASEAN諸国に散らばっている元日本留学生の仲間に対し、「福田さんが、日本に呼んでくれる」という話をした。すると、その評判が高まって数万人にのぼる元日本人留学生のリストが一気に集まってしまった。

そして翌七五(昭和五十)年、東京で第一回「留学生の集い」が実現したのである。これと並行して「せっかく名簿も集まったのだから、『元日本留学生の会』を作ろう」ということになった。ホセ・ラウレル(フィリピン)、ノンチック(マレーシア)、ブンチットラ(タイ)、オマール・ヤディー(インドネシア)各氏らが発起人となり、七七(昭和五十二)年六月、「アジア元日本留学生評議会」(ASCOJA)という団体が出来上がった。

この動きに対する日本国内の反響も大きく、国会議員では砂田重民氏を中心に「アジア留学生議員連盟」、民間では永野重雄氏を中心に「アジア留学生協力会」が組織され、応援団を買って出てくれた。

以来十数年、「集い」は連綿として続いている。今や彼らは国内において政治・経済・教育などの分野で縦横に活躍しているし、日本キャンペーンの中心的存在となっている。留学生の数も年々、増加の傾向にある。ちなみに、私はＡＳＣＯＪＡの名誉会員である。

これは、戦後の日本外交の中でも最も実り多き実績の一つではないか、と私は思っている。

2　マクロ経済調整へのかかわり

中東との関係の強化

資源エネルギー問題は、日本にとって常に緊要な問題である。にもかかわらず、七三(昭和四十八)年の石油ショック以後に展開された田中内閣の対アラブ融和外交は多くの問題を残した。

日本はこれら諸国との関係が緊密でないから、問題が起こったときにあわてふためくことになる。私は中東、アラブ諸国との関係を本質的な意味で強化しなければならないと考えて、七八(昭和五十三)年九月に十日間かけてイラン、クウェート、アラブ首長国連邦、サウジアラビアの四カ国を訪問した。これも全方位平和外交の基盤強化の一環であった、と考えてもらっていいことだ。

もう一つの流れは、第一次オイルショックの結果、大きな傷を負った世界経済全体の動き、マクロ経済調整に日本はどのように協力していくかという問題であった。

その中心になったのが七七（昭和五十二）年のロンドン・サミットであり、七八（昭和五十三）年のボン・サミットであった。ロンドン・サミットでは、いわゆる機関車論というものが提唱されて、日本、ドイツ、アメリカが世界を引っ張っていくという考え方が打ち出された。

ボン・サミットでは日本の七％成長を中心としての「船団論」、つまり弱い者を保護しながら全体として世界経済を、着実な基礎の上に、安定成長路線に乗せていくということが合意された。

この二つとも、日本が重要な役割を分担した会議だった。

歴史の生き証人――ロンドン・サミット

私はロンドン・サミットの冒頭で、かなりの時間をかけて第一次世界大戦から第二次世界大戦に至った経過を各国首脳に説明した。

既に述べたように、私はその時期、世界の軍事、政治、経済、金融、貿易の中心だったロンドンに駐在して、世界が戦争に向かう流れの初期の状況を身をもって見聞したからである。

ロンドンでの勤務を終え帰国してからは、日本が満州事変、日中戦争、太平洋戦争に至るその間、私は大蔵省主計局で陸軍省担当の主計官としてそういう時の流れに関係を持ちながら推移してきた。私は戦争と平和についての〝歴史の生き証人〟として、パックス・ブリタニカからパックス・アメリカーナに至る経緯を述べたわけだ。

第二次世界大戦を振り返ってみると、そもそもこれは自由貿易体制が放棄されたことに端を発する。その結果、主要国が保護貿易体制に走った。そのはけ口があの世界大戦になった、と言えるのである。

一九二九(昭和四)年に、アメリカで恐慌が起こった。〝フーバー恐慌〟である。この大恐慌がヨーロッパに波及する。特にアメリカと兄弟関係にあった英国を直撃する、という事態になる。

当時の英国は軍事、経済、政治のいずれにおいても世界の中心で、ロンドンは世界の要《かなめ》だった。英国のポンドは、世界の基軸通貨であった。その英国経済が、直撃を受ける。そうして基軸通貨の立場にあったポンドは、金本位を離脱するところまで追いつめられる。その善後措置を一体どういうふうにするかというので、英国は英帝国主義経済政策というのを打ち出した。

その当時、英国は大きな領土、領域を持っていた。地球の四分の一は、英国の支配下にあった。そこで、それらの地域を結集した英帝国内においては、より自由に物の交流ができるようにする。しかし、その域外、英帝国外に対してはなるべく輸入を防圧しようとした。こうした方針に沿って英帝国経済会議（オタワ会議）で決めたのがオタワ協定である。

ほかの国は黙っていない。隣のフランスはそれに対抗するために「輸入割当制」を採用した。ドイツは、厳重な為替管理制度を敷いて、これも輸入を防圧する。そういう主要な国々が保護貿易主義をとるものだから、世界経済は全体として沈滞した。一九二九（昭和四）年からの四年間に世界の貿易量は実に四割、世界のＧＮＰは三割もの縮減となったのである。

ロンドン・サミットでのエリザベス女王の招宴にて

四年後の一九三三(昭和八)年には、世界的な苦境を打開するためロンドン会議が開かれた。ところが、各国は自分の立場を主張するばかりで、お互いに譲ろうとしない。結局、その会議は議長国であった英国のマクドナルド首相が「休憩」を宣したまま散会してしまった。

日本では、一九二三(大正十二)年に襲ってきた関東大震災の打撃から、経済不安が続く。昭和初期に入ってからは、金輸出解禁政策の影響も出てきた。そこへ、さらに世界不況の余波が及んできたのだからたまらない。倒産に次ぐ倒産、不況は農村にも波及する。東北の農村の娘が売られていくという記事が連日、新聞の社会面を賑わした。

当時、日本の青年は徴兵制度のもと軍隊の中に集まっていた。その集団の中に動揺が起こる。軍隊を中心にいろいろな事件が発生した。遂に青年将校たちが決起して五・一五事件が起こり、それが満州事変、支那事変（日中戦争）へとどんどん拡がっていった。

ヨーロッパも同じだった。第一次大戦で自国の領土を削減されたうえ、さらに巨大な賠償義務を負わされたドイツの窮乏はことのほかのものだった。

その中からファシズムが力を得て、アドルフ・ヒットラーが台頭する。この独裁者たちは「とにかく領土を拡大しなければならない」と、近隣を侵すということになる。こうして欧州で火の手が上がり、東西相呼応して第二次世界大戦になった。

ロンドン・サミットといっても、そんな戦前のことに携わっている人はほとんどいないから、皆さん、非常に興味を持って私の話を聴いてくれた。そして各国首脳はこぞって保護貿易主義を排し、自由貿易体制を守ることに関心を持った。

世界のための日米関係――七八年の訪米

私は七八（昭和五十三）年五月三日、ワシントンでジミー・カーター米大統領と就任以来二度目の日米首脳会談を行った。

前年三月の訪米が日米関係の基礎固めという目的があったのに対し、七八年訪米にはもう少し明確な側面があった。単に日米関係をうまく調整していく、あるいは関係の基盤を強化するという目標を超えて、世界秩序構築のために日米が協力して新しい構想を打ち出していくことが必要な時期に来ている。こういう認識に基づいて、私は日米の協力関係というものをもう少し前向きに、かつ具体的な形で示そうと考えたのだ。

その典型的なものが、核融合などの基礎研究のための共同基金創設の提案である。これは日本側から米国側に積極的な提案を行ったという点で、非常に稀な例であったと思う。直ちに商業的利益につながらないエネルギーの分野における基礎研究を、資金の面でも、科学者の貢献の面でも共同で作業をする。そのための日米の共同基金を設ける、という構想である。

2度目の首脳会談のため訪米．ホワイトハウスにて
カーター大統領夫人と握手

私が商業化につながらないことでと考えた一番大きな理由は、当時既に日米間には百億ドルを超える貿易不均衡、つまり日本側の黒字が存在していて、日米貿易摩擦のはしりが見え始めていたからである。

商業化につながるようなプロジェクトは、そういう問題と結びつけられて世界のための建設的な協力という目標の妨げになる。あるいは、誤解されるといけない。そういう問題とはかけ離れて、企業にとってはあまりにもリスクが大きすぎるというような分野を選ぶことにした。

では、そういう分野でいま何が一番重要かというと、エネルギーの分野である。七三年のオイルショックの後、世界の関心は新しいエネルギーの開発に集まっている。私は、そういう観点からエネルギー分野の具体的なプロジェクトとして核融合の基礎研究などを選んだ。

これらは、とてもここ数年とか、五年、十年で商業化できる分野ではないので、民間企業ではリスクが大きすぎて手を染めることはできない。しかし、長期的には世界人類にとって極めて重要なテーマである。

この日米協力はその後、八二（昭和五十七）年のベルサイユ・サミットで多国間の研究協力に拡大された。

「世界のための日米関係」——私の考え方はこの一点に集約されていた。そのための日米科学技術協力という構想は、首脳会談終了後にニューヨークで開かれた日本協会・外交政策協会共催の午餐会でのスピーチでも取り上げた。

米国の有力紙の一つは翌日、このスピーチについて次のように論評した。

「この構想が実現するかどうかにかかわらず、このような提案を進んで行ったということ自体、第二次大戦後の日本が国際舞台でイニシアティブをとろうとしなかった態度からの重要な訣別を意味するものと評価されている。この提案だけでなく、演説そのものが、日本の指導者のスピーチにはめったにみられないような、自信にあふれた積極性を表明したものであった」。

同舟の客――ボン・サミット

一九七八(昭和五十三)年七月にボン・サミットが開かれた当時は、各国とも石油ショックの痛手から一日も早く立直ろうと懸命の努力をしていた。だが先進工業国の景気回復の足取りは重く、失業率も高く、各国内にはややもすれば保護主義に傾こうとする動きすら見られた。

私は、ボン入りに先立ちパリに欧州六ヵ国駐在の日本大使を集めて作戦会議を開いた。そして、まず黒字減らしと七%の成長達成を会議の冒頭に表明し、同時に各国に対し国際環境の整備、つまり各国のインフレ抑制を求める方針を決めた。

ボン・サミットに際して．左から２人目が筆者

会議における私の発言は、数字を交えてキメ細かく具体的なものにした。特に、黒字抑制のため輸出の数量制限を国内業界に要請するという異例の措置をとる旨を表明したため、各国ともその努力を高く評価してくれた。

第一回会議のあと参加者全員による合同午餐会が開かれた。この席上、私は「『国際テロリスト対策』を宣言に盛り込んではどうか」と提案した。私にはダッカ事件の苦い思い出もあり、各国首脳ともハイジャックには悩まされていたので、私の提案は時宜を得たものとして受けとめられた。翌日、「航空機ハイジャックに関する声明」

という厳しい報復措置を伴った声明が発表された。

私は通貨問題に関する討議で、日本が一九七七（昭和五十二）年度の目標六・七％成長を達成できなかった原因は急激な円高・ドル安などの為替不安にあったと指摘し、アメリカに対しドル価値の低下を防ぐよう強く要請した。

エネルギーに関する討議では「不確実性の時代の政治不安は、エネルギー政策の長期展望に欠ける点に起因する」という私の政治哲学を披露した。このような発言に対しては、各国首脳から賛意が寄せられた。

景気政策をめぐる討議では、日本が七％成長の目標を提示した。また、各国ともできる限りの成長目標を示して具体的な刺激策を数字で宣言に明示することで合意した。

この会議での日本の主張のもう一つの特色は、ASEAN諸国やオーストラリア、ニュージーランド各国の希望を念頭に入れて、会議に臨んだことである。アジア地域に多い中進国からの輸入を規制する動きにわが国が強く反対し、宣言には「開発途上国製品の先進工業国市場へのアクセスに改善の要あり」と書かれた。

ボン・サミットでは、それぞれ困難な問題をかかえた各国首脳が共通の目的を達成するために自ら進んで具体的な政策を宣言に盛り込む決断をした。

各国首脳が「同舟の客」としての共通の認識を深め、対決を回避して相互関係の枠組みの中で協力していこうとする一種の連帯感を生んだわけである。このこと自体が、世界経済全体の先行きに対する信頼を高めるものであり、その意義は大きかったと思う。

私はこの会議を通じて、日本丸の舵取りにたしかな手ごたえを感じた。

覇権条項問題の本質――日中平和友好条約交渉

もう一つ、福田内閣における外交基盤の拡大強化ということとの関連で重要だったのは、中国との関係の調整であった。

日中国交正常化は七二(昭和四十七)年に田中内閣のもとで一応なしとげられたわけだが、その後の両国関係は必ずしも順調に推移しなかった。日中平和友好条約の締結交渉、特に覇権条項をめぐって非常に混乱したからである。

覇権条項問題の本質というのは、実は覇権条項を入れるか、入れないかということではなくて、その背後にある国際情勢の認識と、それに対する外交の基本をどうするかという問題であった。中国は当時、明らかに反覇権条項明記を日本に受諾させることによって、日中間に反ソ同盟を結ぼうと狙っていた。だから、日中平和友好条約の締結交渉がうまくいかなかったのである。

私としては、特定の国を敵視するような形での同盟関係の樹立を受け入れるわけにはいかない。当時の中国が意図していた「いかにして反ソ同盟に日本を引き込むか」という試みに対して、それを拒否しながら、しかし日中の長い将来にわたっての友好関係をどう築き上げてゆくかというのが、日本側の立場だった。

それがまた、中国、ソ連との関係における全方位平和外交の一つの表れでもあるわけで、日中交渉を通じて日本は片方を敵にして、片方と友好関係を結ぶというようなことはしない、という姿勢をはっきり示すことにもなった。

中国とは忍耐強い、長い交渉をしたけれど、最終的には七八(昭和五十三)年八月に日本の主張が貫かれる形で条約の署名にこぎつけ、決着がつけられた。私は、日中平和友好条約の締結交渉というのは大きな国際問題であると同時に、日本、中国双方にとって大きな国内問題でもあった、と思う。

ただ、これは秘められた話だが、日本側は三木内閣時代に、外交交渉レベルで「一般的な、国連憲章の中にも書いてあるような原則を反覇権という言葉で表現しているだけ、という前提なら、日本ももう少し柔軟に考えてもいい」ということを中国側に言ったことがある。このとき中国側は、ソ連の名前こそ出さなかったものの、「こちらの本音がわかっているのに、そんな小手先のことでは……」と反発してすれ違いに終わっている。ところが、七八年になって情勢が急変する。七五(昭和五十)年にサイゴンが陥落し、アメリカ軍が撤退してベトナムが統一される。ラオス、カンボジアは風前のともし火となる。そうなると、インドシナ全域を支配する国家が出現することになる。

しかもそれは、ソ連の支援を受ける反中国的な国家である。ASEAN諸国も動揺したが、それ以上に中国は懸念を深めた。このままでは、自分たちが東南アジアにプレゼンスを及ぼす上で一大障害になることは明らかだったからである。

中国にとっては、ベトナムを牽制することが絶対に必要になってきた。前年の七七(昭和五十二)年七月には鄧小平氏が党中央委副主席、副首相などとして復活、中国の国内情勢も変化しつつあった。中国は反覇権条項についても、柔軟にならざるを得ないだろうと、私は読んだ。

一方、国内議論も活発になった。七八(昭和五十三)年二月二日の事務レベルによる交渉再開から、八月の園田外相訪中までの間、自民党内では各種レベルの会議が持たれ、反覇権条項を中心に、あらゆる角度からの議論が尽くされた。

しかし、いわゆる慎重派といわれる人々の中心には、灘尾弘吉、町村金五、藤尾正行氏ら私と親交の深い人たちが多かった。長い間、政治生活で苦楽をともにしてきた人々である。だから最後は私の決断に従ってくれるだろうと信じていたし、事実、その通りになったが、とりまとめまでには人知れぬ苦労もあった。だからこそ、この交渉は私でなければできないのだという自負もあった。

日中交渉に対するアメリカ側の態度はどうであったかというと、五月の第二次訪米の際、カーター大統領は「成功を祈る」と祝福を与えてくれた。そして五月末に、スビグネフ・ブレジンスキー大統領補佐官が中国訪問の帰途、日本に立ち寄った。同補佐官は「中国は前向きで、期待している」という中国側の意向を伝え、同時に「アメリカのことは気にしないで、日本独自の判断で早急に事を進めることをお勧めする」とアドバイスした。

私はアメリカが日中間の条約締結を大歓迎なことは分かっていたのだが、これは明らかにアメリカが対ソ牽制に「チャイナ・カード」を使うにあたって、日中平和友好条約を一つの重要な要素として考えていることを示すものであった。

ともあれ交渉の機運は着々と熟しつつあった。

七八(昭和五十三)年八月六日の私のメモには次のように書いてある。

「園田外務大臣以下、訪中幹部を箱根に招致。外務大臣から、以下の説明あり。

一、本件は、七分方は国内的な配慮が必要だ。本件は国内政治問題である。

二、本件交渉は、十三日までに妥結するを要す。ただし、当方の基本的立場が貫けない場合は中断も止むを得ない。

三、中断の場合、友好関係はこれを維持し、後につながるよう配慮する。

四、妥結の場合は、現地において調印したい。

これに対する福田首相の指示。

一、すべての国との平和友好関係を求める、との我が国外交の基本的立場——全方位平和外交をあくまで貫徹する。つまり、ソビエトを意識した内容にしない。
二、反覇権条項、特にいわゆる第三国条項については、上記の基本的立場が一点の疑いをも残さない形で明確にされる必要があり、いわゆる玉虫色の決着は許されない。
三、本件条約が締結される以上、日中関係は相互に内政干渉にわたる行為を絶対に行わないことを確保する必要がある。
これは例えば、中国と特に親しい人を特別扱いにするとかという問題。日中友好貿易などを特別扱いして優遇することのないようにすること。
四、中ソ同盟条約については、同条約が我が国に対して向けられた条約であり、それが本条約と矛盾するものとして存在することがないよう、最善の措置をすること。要するに中ソ同盟条約は廃棄すべしということ。
五、尖閣列島問題については、同諸島が我が国固有の領土であり、現に我が国が実質的な支配を及ぼしているとの事実を踏まえて、我が国の立場を貫くこと」。
こういう五項目で、全部その通り達成されたので園田外務大臣が北京で調印した〈資料3〉参照)。

この日中平和友好条約は、田中内閣当時の日中共同声明を条約化したもので、新しいものは何も追加していない。講和条約ではなく、平和友好条約である。

従って、①台湾問題などには何らの影響もなく、この問題には条約交渉中も触れていない、②わが国の外交的立場の自由は明文上、留保されている、③日米安保条約を堅持することが確認されている——などのことが特徴である。

このため台湾側としても、現状に変化なく、友好親善にさらに配慮したいということになった。

なぜ中国が日本側の主張をスーッと呑んだかというと、中国にとっては、反覇権条項にこだわることよりも、日本との平和友好関係が出来たことを、ベトナムに対する牽制として、また、東南アジアに対するメッセージとして示すことが重要だったからである。

それと、四人組が凋落《ちょうらく》し、それに代る鄧小平氏を中心とする新しい勢力が台頭してきた。その両方が、あの時期にうまく結びついたともいえる。

節目だった八一年訪米

私は、これまで述べてきたように相互訪問やサミットの場を通じて、世界各国の指導者たちとその時どきの地球人類的な諸問題について率直に意見を交わしてきた。

そこで今でも私と個人的な強い信頼関係を保っている指導者たちが、洋の東西を問わず大勢いるわけだが、特に米国についていえば一九八一(昭和五十六)年の訪米が印象に残っている。

私が内閣総理大臣を辞めて三年後に、ワシントンで日米欧委員会が開かれることになった。石油ショックのあと米国のチェース・マンハッタン銀行会長だったデービッド・ロックフェラー氏が旗振り役となって発足させた組織である。

この委員会から、私に「ワシントンに来て何かスピーチをしてもらいたい」という話が熱心にあった。レーガン政権が発足した直後でもあったし、ごぶさたしている各国の指導者たちにも会える。私は、いい機会だと考えて訪米することにした。

一九八〇年代のスタート地点に立っていた当時の世界情勢は、私はひょっとしてひょっとすると世界大動乱、そんなことになる恐れがあるのではないか、と危惧していた。

そこへもってきて、経済問題がある。私は経済問題がひとり経済問題であるだけではなく、政治問題化しつつあるという認識を持っていた。

二度にわたる石油ショックを、わが国は第一次石油ショックの段階で、わりあい手際よく傷跡の治療ができた。しかし、他の諸国はかなり努力したものの傷跡を治すことが出来ない。そこへ第二次石油ショックが起こってきて、深刻な打撃を被った。先進諸国が軒並み失業とインフレに悩み、特に発展途上国の窮乏は非常に深刻であった。

これら発展途上国の中から、石油の高騰で支払い不能、つまり国家的に倒産状態の国が出てくる可能性が強まっていた。各国に社会不安が起こり、そこからマルクス主義に傾いたり、あるいはファシズムへというようなことになりかねない。

そうした状況下において、世界政治の最大の課題は何といっても世界の平和を維持することだ。経済の混乱から発展して第二次世界大戦となった、あの轍《てつ》を踏まないことである。

万が一、世界動乱が始まって一番大きな打撃を被らざるを得ないのは、資源小国であるわが日本であろう。このように考えると、日本にとって世界平和ほど貴重なものはない。まず、東西対話の窓口を塞いではならない。同時に、東西対話の窓口を実効あらしめるためには、やはり西側が平和のための戦略というものを持ち、その戦略を中心として結束しなければならない、と私は考えていた。

こうしたことを念頭に置いて、私は米国の首脳や日米欧のメンバーたちと話し合った。そして当時のロナルド・W・レーガン大統領、ジョージ・H・W・ブッシュ副大統領、アレキサンダー・ヘイグ国務長官という米政府三首脳、これを取り巻く補佐官たちとも会った。

私はさらに米国の東西南北を飛び回り、南はジョージア州に引っ込んでいたカーター元大統領、ニューヨークではリチャード・M・ニクソン元大統領、そしてヘンリー・A・キッシンジャー元国務長官と旧交を温めた。

経済問題では、ポール・A・ボルカー連銀総裁、レーガン政権の経済アドバイザー・グループの団長格だったチャールズ・シュルツ元財務長官やウィリアム・サイモン元財務長官、アーサー・F・バーンズ前連銀総裁らとも会談した。

また民間人では、デービッド・ロックフェラー氏の集めた主として金融界のリーダーたち、日米繊維交渉で大活躍したペプシコーラ社長のドナルド・M・ケンドール氏とこの人の集めた有力産業人にもお目にかかった。中にはソ連の国連大使だったトロヤノフスキー氏や国連事務総長だったクルト・ワルトハイム氏といった珍しい人たちもいた。

私がこうした人々との会談を通じて感じ取ったことは、米国内に見違えるように活気が出てきたということであった。一口でいうと、私は「強いアメリカ」の大合唱の中に飛び込んだような感じがした。

レーガン大統領の考え方は、米国は強くなっていかなければならない、そのためには経済を再建しなければならない、まずなんとしてもインフレ、失業に終止符を打たなければならない、というものであった。そこで歳出を思い切って削減し、そこで浮いた財源を軍事力の増強と減税に当てるという方針を打ち出したわけだ。一方で、活力ある経済にするために、さまざまな規制の撤廃を行おうとしていた。世にいうレーガノミックスである。

私が大変よかったと思うのは、当時のカーター前大統領を訪問できたことである。彼は当時、毎日ほぼ四、五時間は自分でタイプライターを打って「回想録」を書いている。あとは「趣味の大工仕事」に五時間ぐらいは費やしている、ということだった。

特に私がみっちり話し合いたいと思っていたのは当時の現職大統領であり、政府首脳であった。私と米政府首脳との会談は、まずヘイグ国務長官と約四十分、続いてブッシュ副大統領と四十分ばかり、さらにブッシュ副大統領とヘイグ国務長官立ち会いの下にレーガン大統領と四十分、都合二時間ばかり話をする機会を得た。

これら三首脳はみな、それぞれに持ち味が違う。端的にいうと、ヘイグ国務長官は直球の剛球投手というような感じ、ブッシュ副大統領は非常に物腰の柔らかな知性型の印象を受けた。レーガン大統領はなかなか如才のない、人あしらいの素晴らしくうまい人という印象を受けた。

ヘイグ国務長官、ブッシュ副大統領との会談でも世界平和と経済、石油ショックの克服、原子力の平和利用などについて私の考え方を説明したが、レーガン大統領に対しては特に強く世界平和維持のための努力を求めた。

大統領が最後に、「福田さん、私は頭が痛い」というので「何でしょうか」と聞いてみると、自動車問題だった。当時、米議会には自動車産業保護の立法を行おうという動きがあった。大統領は「保護立法を議決させないための、何かよい手はありませんか」

と本当に頭の痛い様子である。

そこで、私はこう言った。「私はいま政府を代表する立場にはないから、権限は持っていません。しかし、私が個人として思うのは、アメリカが本当に自動車産業を再建するという決意の下に対策を立て、あらゆる努力を重ねても、どうしても臨時的に海外からの協力をということになるのならば、非常に緊密な関係にある(日米)両国ですから、『まさかの時の友人こそが、本当の友人である』(A friend in need is a friend indeed)という雰囲気の中で解決されるであろうし、また、そういう形で解決されることを期待します」。

すると、レーガン大統領は「ただいまのお話に感謝します」と握手を求めてきた。

もう一つ、多くの米国人から議論を持ち掛けられたのは防衛問題であった。彼らは「福田さん、いまレーガン大統領は世界平和を確保するため教育費や社会保障費を削減してでも防衛力を強化しようと努力していますが、日本は世界平和の確保にどんな貢献をしているのですか」と言うのだ。

そこで私はこう答えた。「日本が軍事超大国になることは、世界の平和のためになりません。従って、わが国は軍事大国への道は歩みません。しかし、私は日本が自国の防衛まで他国に委ねる、他国の犠牲の上にこれを期待している、という姿はよろしくないと思っています。日本は自らが虎や狼になる考えはないが、ハリネズミくらいにはなるべく早くなることが、日本の責任だと考えています」。こうした私の主張には、日米欧委員会でもこれに参加した各国の人たちが総立ちで拍手してくれた。

私はとにかく、局部的な防衛論議の前に一体この世界の平和をどのようにして守り、構築していくのか、そのための西側主要各国の役割はどうなっていくのか、といった問題を十分に話し合うことが大事だと考えていた。軍事大国たることを期待されていないわが日本の役割は、そうした話し合いの中から自然に決まってくる。私は、そう思っていた。私のこうした考え方は、次第にその後誕生したOBサミットに引き継がれていった。

各国指導者たちとの会話

とりわけ強く記憶に残っている各国指導者たちとの会話が、いくつかある。

スハルト・インドネシア大統領と会談

元米国大統領のリチャード・M・ニクソン氏は、いつのころからか私と会う度に必ずこう言った。「福田さん、もし許されるなら私は日本の首相になって日本国憲法の改正を実現する。その代わり、福田さんは米国大統領になって、アメリカ経済の再建をやって下さい」。私は、ニクソン氏の口から何回同じ言葉を聞いただろうか。

西ドイツの初代首相だったコンラート・アデナウアー氏にも、岸さんと一緒にお目にかかったことがある。当時は、小包み爆弾を送りつけられたりして身辺の警戒が極めて厳重なころだったが、アデナウアー氏は私たちの顔を見ると「私は身の安全に自信を持っています。日本の武者が二人も私を警護してくれているからです」という。アデナウアー氏の家の玄関には、岸さんから贈られた日本の甲冑武者二体が飾られていた。英国のマーガレット・サッチャー元首相は〝タカ派〟だが、明快な語り口で好感が持てる。首相になって初めて来日した際には、日本の国内情勢から世界情勢一般、私が英国におった若いころの話、首相としてロンドン・サミットではどんなことを話したのか、といろいろ聞かれた。

私の出席したロンドン・サミットのころには野党の党首だったわけだが、当時も、私の方から電話で挨拶した。私は、保守党総裁としての彼女を日本に招待したこともあるし、懇意なお付き合いをした。

フランスのバレリー・ジスカールデスタン元大統領とは、まず大蔵大臣同士として交際した。その後、大統領を辞めたのでOBサミットのメンバーとして参加するよう勧めたのだが、彼は「私の今後の進路に関係があるので、辞退する」と断り、代わりにシャバンデルマス元首相を推薦した。当時は大統領としての復活を考えていたようだが、今はOBサミットの中心的メンバーである。

世界人口会議出席のため訪中．鄧小平氏と会食．昭和 56 年 11 月

アジア諸国では、さきに触れた日中平和友好条約交渉を通じて中国の最高実力者鄧小平氏（元副首相）や当時首相だった華国鋒氏らを知った。華国鋒氏を東京・四谷にある料亭「福田家《ふくだや》」に招待して、私が「この料亭は福田家の名前通り、私の迎賓館だ」と冗談を言ったら、本当にそう思ったらしい。

シンガポールのリー・クアンユー前首相とも親しい仲だが、彼は話し方とか思想の傾向などがヘルムート・シュミット氏に似ている。開けっ放しで、欧米流の合理主義者と言ってよいのではないか。

特にアジアでは、このほかフィリピンの

故マルコス元大統領ともよく顔を合わせたし、タイのクリアンサック元首相、インドネシアのスハルト大統領ら古くは戦前からの友人、知己が大勢いる。

また、カナダのピエール・E・トルドー元首相やオーストラリアのジョン・M・フレーザー元首相らともOBサミットでよく意見を交わす旧知の仲である。

私が最も深い印象と敬愛の念をもっているのは「序に代えて」でご紹介したヘルムート・シュミット前西ドイツ首相だが、シュミット氏については「第八部　新しい世界秩序の確立――OBサミットの十二年――」で述べたい。

第七部　昭和天皇の思い出

——二度、昭和天皇ご外遊のお供をして——

先年、昭和天皇の御用掛《ごようがかり》をしていた寺崎英成という人の本が出たが、(1)私はこの人を六十五年前からよく知っていた。

私は一九二九(昭和四)年、つまり大蔵省に入った年の暮れに英仏駐在の命令を受け翌年二月に米国経由でロンドンに赴任したわけだが、同行者は吉村成一氏だった。この人は、のちに横浜銀行の初代頭取になった。

まずニューヨークまで一カ月かかり、ここでロンドン行きの船を十日間ばかり待った。その間、皆が「近いから、ワシントンを見ておけ」と勧めてくれるので、首都ワシントンに行って二泊した。その時の案内役が、駐米大使館にいた寺崎氏だった。私より二年前に大学を出ていたが、私を初代米国大統領ジョージ・ワシントンの墓地があるマウント・バーノンや、国会議事堂などあちこち案内してくれた。

その寺崎氏がまとめた本だというので興味深く読んだけれど、(昭和)天皇陛下がずいぶんと大胆に、かつ露骨に人の批判をしておられるように書いてあるのは、私には納得できない。松岡洋右氏(2)に対して強い不信感を示されたり、私のところによく見えていた旧陸軍の有末精三氏も策謀家扱いされている。とにかく人を大胆に批判、非難しておられるが、昭和天皇があのように個人的に人の攻撃や批判をされた方とは思えない。また、寺崎氏は真面目な人で、陛下のお言葉をまげて書くようなことをするとは信じられない。昭和天皇は一言一句、非常に気を使われた方だ。閣僚をお召しになる時は、だれも中にはお入れにならない。侍従も側近も入れない。一対一でお話しになるわけだが、とにかく一言一句、大変慎重に選ばれる。

私が初めて陛下にお目にかかったのは一九五九(昭和三十四)年、伊勢湾台風の後だった。農林大臣として伊勢湾台風による被害状況を報告するためだったけれど、ともかくユーモアというか、そういうものに満ち満ちた話しっぷりをされる。

しかし、人の批評、人間の批判などということは恐らくされたことのない方ではないか、という感じを受けるくらい慎重な気の使い方をされていた。

陛下が「国務大臣として、治安の状況をどう思うか」と言われた話はすでに述べたが、陛下には婉曲《えんきょく》ではあるが要《かなめ》を突くようなこれに似た事例がいろいろある。

寺崎英成氏には、もう一つ思い出話がある。実は、ニューヨークの大蔵省事務所にいた大先輩が「ワシントン見物の帰りに、ウイスキーを一ダース持ってこい」と言う。米国はまだ禁酒法の時代だったけれど、ワシントンの日本大使館の地下室にはあるからニューヨークへ持ってこい、というわけである。大先輩は「何かとがめられたら、すぐにこれを出せ」といって二十ドルくれた。それも裸のままポケットに突っ込んでくれて、「財布には入れるな。ここへ入れておけ」と実に細かい気配りだ。

そこで、見物が終わってからウイスキーをパッケージにしてもらいワシントンの停車場へ来たのだが、困ったことに、歩くたびにポッコン、ポッコンと音がする。さりとて、人に頼むわけにはいかない。一ダースとなるとかなりの重量だから、自分たちの寝台車に運び込むのは重くて容易ではない。それをボーイに高い所へ上げさせるわけにもいかないし、下に置いておくわけにもいかないから、寝台車で枕にして寝た。こうして無事にウイスキーをニューヨークへ持ち帰り、私たちは旅費のほかに二十ドルもうけた。

それは余談だが、私は一九七一(昭和四十六)年の天皇陛下のヨーロッパご訪問のとき、お供をさせていただいた。佐藤首相の命令でそうなったのだが、第二回目のアメリカご訪問、これは三木内閣のときだった。佐藤内閣では外務大臣、三木内閣では副総理という立場で二回とも首席随員を務めた。

陛下はあのように謹厳にみえて、実にユーモアがあるお方だった。一回目のご外遊で、バッキンガム宮殿に泊まられた時のことである。もちろん宮殿には非常に限られた人しか泊まるわけにはいかなかったのだが、二泊して三日目の朝早くオランダへ出発した。

われわれは陛下のお供だから、手に何か持っているわけにはいかない。前の晩に一切の荷物をパッケージして、飛行機に積み込んでいた。さて、私が起きて身支度をしていると、ネクタイがないではないか。秘書が昨夜のうちに片付けて、オランダへ送る荷物の中に入れてしまったのだ。たまたま、そばにいた外務省の都甲岳洋君(元シンガポール大使)が自分のネクタイをとって貸してくれたので天皇の行列に間に合ったのだが、そういう顛末が一つ一つみんな陛下のお耳に入っている。入江侍従長が報告していたようだ。それも相当、尾ひれがついてお耳に入っていた。

この一件が誤って陛下のお耳に入り、私の秘書の横手征夫が大変な失敗をしたという印象で陛下に記憶されてしまった。そこで、毎年、毎年、陛下は当時の随員をお招きになって茶話会をされ、時にはご外遊の際のビデオをみんなで見たりするのを楽しみにされていたのだが、お茶をたてている間に一人一人を呼んで軽い話をされる際に、必ず「横手、まじめにやっていますか」と言われる。ご訪欧時の私の秘書官は実は横手ではなかったのだけれど、陛下は横手征夫だと思い込んでおられた。したがって、何回でもその都度「横手」といわれたのは、陛下のユーモアだったのだ。

旅行中に、観劇会とかピアノの演奏会によくお伴した。そのときだれがいびきをかいたとか、ネクタイというのは福田が初めてだけれど、だれそれは靴下がなかったとか、ちゃんと覚えておられた。人のしくじりを大変楽しそうに見ておられたようだ。

私は伊勢湾台風の時の農林大臣だったから、米は何百万石の損害とか、田畑の流失は何ヘクタールだったとか、山林はこれこれの被害だとか報告をした。

そのとき、陛下が「ときに福田、桑名のシジミはどうなったか」とお聞きになる。「桑名の焼き蛤《はまぐり》」というのがある。陛下は勘違いされているのではないかと思って、首をかしげてうかがったものの、聞き直すわけにはいかない。

農林省の秘書官連中からは「陛下から生物についてのお尋ねがあったら、『しかるべく調査して、お答え申しあげます』と言って下さい。具体的にお答えしてはだめですよ」と言われていた。そこで私は、その通りに「追って調査致しましてお答え致します。そこまで調べておりませんでした」と言って農林省に帰った。

帰って水産庁に聞いてみると「桑名では蛤はほとんど採れません。できるのは松島湾か千葉海岸か、あるいは韓国でしょう。桑名は陛下のお尋ねにあったようにシジミの産地です」と、こういう話である。「陛下、桑名は蛤の産地じゃないでしょうか」などといったら、笑われてしまっただろう。

昭和天皇のお供をしてつくづく感じたことだが、陛下の外交的影響力には偉大なものがあった。何百人、何千人かかっても一人の天皇にかなわない。ベルギーでは、マスコミが「日本国天皇、二日間ベルギーを占領す」と大きく取り上げた。実感として、まさにそういう表現がふさわしかった。何というか、大変な関心を持たれるわけである。

ライン川をバーゼルからボンまで川下りしたのだが、沿道にずうっと自動車がとまって、みんなが手を振る。町に入ると、旗を振る。人口四、五万人の町を通れば、かなり遠くから出てきた人たちもいるから、とてもそんな数ではない。しかも、驚くほどの盛

昭和天皇のご訪欧に随行．コペンハーゲンにて．右から３人目が筆者

大な歓迎ぶりだった。

　先進国で、天皇制を持っているただ一つの国ではあるし、今日では経済超大国である。そういう地位を獲得した日本民族、その最頂点という立場の天皇というものに、非常に大きな関心が集まる。その天皇が、一日でも二日でも自分たちの国を訪問するというのだから大変だ。私は日本国内以上の歓迎、感激の姿を海外で目の当たりにした。

　諸外国の元首たちが東京に来ても、印象を尋ねると天皇にお会いしたこと、これ以上のものはありません、という。ほとんど例外なしにそうだ。

　昭和天皇は、大正時代まではよく群馬県の

伊香保へ行かれた。その伊香保の御用邸の正門わきに横手館[3]がある。横手館のおやじは、本当かどうか分からないけれど「陛下によく相撲のお相手を仰《おお》せつけられた」と言っていた。陛下ご自身は、私と二人になるとよく伊香保の話をされることがあった。よほど懐かしいらしく「あの裏にある山は何といったかな」と言われる。「あの山に、六十何回行ってるんだよ」とおっしゃるから「陛下、何があるのでしょうか」と伺うと、「いや、あそこにはオオムラサキという蝶がおって、私はそれを追っかけ回して六十何回になるかな」と、ご幼少のころの話をされていた。

（1）一九九一（平成三）年三月、文藝春秋刊行の『昭和天皇独白録　寺崎英成・御用掛日記』

（2）第二次近衛内閣の外相を務め、一九四〇（昭和十五）年九月に日独伊三国同盟を結んだことで知られる。

（3）伊香保の横手館には、筆者の母の妹が嫁いだ。その縁で筆者の次男征夫が後を継いだ。

第八部　新しい世界秩序の確立

――OBサミットの十二年――

1　ウィーンで誕生した国際元老会議

話が多少前後するが、ここで一九九五年五月下旬には東京で第十三回総会を開催する予定になっているOBサミットの誕生以来の歴史と、OBサミットに対する私自身の考え方について述べておきたい。九五年は戦後五十年目の節目の年であり、日本が世界の中でどういう立場にあるべきかを、もう一度考えてみる好機だと思うからだ。

まず私は四十数年前に政界入りしてからずっと岸信介元総理に信頼され、重用《ちょうよう》されて来た。その岸さんが政界の第一線で活躍中に、アメリカのウィリアム・ドレーパー将軍と協力しながら世界人口問題への対策を推進され、わが国に世界で初めて「人口と開発に関する国会議員連盟」、俗に「人口議連」と呼んでいる議員懇談会を創《はじ》められた。その後、岸さんは高齢化のゆえに逐次、身辺整理に当たられるようになり、人口議連会長の地位は私に譲られることとなった。

私は岸さんの期待にこたえ、議連会長として全力を挙げて活動を続けた。この間、日本と同様な議員連盟が各国に相次いで出来るようになった。今日では議連結成五十数カ国に及ぶ盛況を呈するに至り、国連の周辺に人口議連世界委員会が結成されることとなって、私はその会長に推された。

このような立場の私は、一国家一民族のこともさることながら、地球人類的な観点で物事を考え行動しなければ正しい政治家の道を歩んでいるとは言えない、と痛感するようになった。

その後、冷戦構造が崩壊し、ソ連邦も遂に解体したが、一九八〇年代までのわれわれは人類誕生以来初めての大きな危機に直面していた。東西間の軍拡競争、資源、環境、人口などの地球人類的問題がそれである。

今日、米ソ両超大国の軍拡競争はひとまず停止した。しかし、核兵器はそのまま存在している。また朝鮮民主主義人民共和国(北朝鮮)など新たに核保有を目指す国々もあり、万が一の事態も考えられないではない。

さらに環境や人口といった地球人類的問題への対処を誤ると、人類全体が存亡の危機に直面することと必然である。状況はかえって複雑かつ深刻化している。

私は一九七八（昭和五十三）年に日本国の総理大臣を辞めたが、そのあと地球人類の問題には特に関心を抱くようになった。その後、世界を回ってみて、憂いを同じくする指導者たちがたくさんおられることに驚いた。

その中で、ヘルムート・シュミット前西ドイツ首相の意見は際立ったものだった。私は、シュミット氏とは二十数年前から面識の間柄である。石油ショック直後の大蔵大臣同士であり、先進国首脳会議（サミット）での同僚でもあった。私は、彼の政治家としての見識と実行力に深く敬意を払い、世界政治のリーダーとしてのシュミット氏と長く親交を続けてきた者の一人である。

当時、国連開発計画（UNDP）の事務総長だったブラッドフォード・モース氏もスケールの大きな見識の士で、心おきなく話し合える仲であった。

私は差し当たりこの二人と相談し、地球人類の危機打開のため何らかの対策を案出するよう努力しようと誓い合った。

シュミット元西独首相(左端)を迎えて．東京平河町の料理屋で．中央が筆者．右端は次男の横手征夫．昭和63年10月

もとよりこの深刻な事態については多くの指導者たちも憂いをともにしておるが、現役諸公は当面の事務に忙殺されて、地球的、人類的観点の大問題について考究し、考量するいとまなしと考えられる実情である。

この際、既に一国の大統領、首相を経験し、今日ではその地位を去って社会的制約も多少楽になった各位を糾合して、現役諸公の行動を補完する何らかの仕組みをつくろうではないか、ということで三人の意見の一致を見た。

そこで、私たち三人のほかに国連事務総長を辞めたばかりだったクルト・ワルトハイム氏を加えた四人で具体案を相談した。構想一年、一九八三（昭和五十八）年三月にOBサミット設立に向けての準備委員会をオーストリアの首都ウィーンにあるホーフブルク宮殿で開催した。

出席者は、招集者（コンビーナー）である私の他に、ヘルムート・シュミット（前西ドイツ首相）、マネア・マネスク（前ルーマニア首相）、ヘディ・ヌイラー（前チュニジア首相）、パストラナ・ボレロ（前コロンビア大統領）、セダン・サンゴール（前セネガル大統領）、クルト・ワルトハイム（前国連事務総長）、ブラッドフォード・モース（UNDP事務総長）の各氏（肩書きは、いずれも当時）であった。

会場となったホーフブルク宮殿はハプスブルク家ゆかりの王宮で、女帝マリア・テレサが冬の居館にしていた由緒ある宮殿である。

コンビーナーとして会議設立の趣旨、目的を説明した中で、私は当時の世界情勢に触れて、

一、東西対立の激化に伴う軍拡競争、特に核軍拡競争の危険性。

二、人口急増による資源、環境の危機。

三、石油ショック以降の世界経済不安。

の三点を指摘、「かつて一国の最高指導者として内外の政治運営に臨み、広い経験を有する人々が集まって議論することは世界平和のために大きな貢献となる」と強調した。

特に私は政治、軍事面からの深刻な懸念を表明し、同時に経済的な側面からは、第二次世界大戦に突入する直前、一九三〇年代初期の状況と対比して「再びあの過ちを繰り返してはならない。世界の平和と繁栄のため、各国が迅速に協調活動を開始する必要がある」と説いたのを記憶している。

私の趣旨説明を受けて、設立準備委員会は次のような四項目の決議を行った。

一、会議の正式名称を、最終的には私の意見で「インターアクション・カウンシル・オブ・フォーマー・ヘッズ・オブ・ステーツ・アンド・ガバメンツ」(Inter-Action Council of Former Heads of States and Governments)とする(その後、名称を縮めて"Inter-Action Council"と呼ぶことにした。俗にいうOBサミットである)。

二、第一回目の会合を一九八三(昭和五十八)年後半に開く。

三、会議のメンバーは二十から二十五人程度とし、東西南北から選ぶ。ただし、厳しい対立の当事国である米ソ両国からは当面、招請しない。
四、できるだけ早く行動を起こせるよう、今後の計画については福田赳夫、他数名で組織する執行委員を置き、一任する。

これで、いよいよOBサミットが動き始めた。この年の五月には、東京でOBサミット第一回総会準備のための執行委員会を開き、OBサミットの論議すべき重要テーマを決めた。

さらにニューヨークの国連開発計画本部で第三回執行委員会を開いたのち、OBサミットの第一回総会がオーストリア・ウィーンのホーフブルク宮殿で開催されたのは一九八三(昭和五十八)年十一月十六日であった。

この第一回総会には次の二十一名のメンバーが出席して活動の基本方針、機構、三つのメインテーマを承認、いよいよ東西南北サミットがスタートしたのである。

国名	氏名	前・元職
日本	*福田赳夫	首相

フランス	ジャック・シャバンデルマス	首相
タイ	クリアンサック・チャマナン	首相
ネパール	キルティ・ニディ・ビスタ	首相
カメルーン	エル・アジ・アーマドゥ・アヒジョ	大統領
国際連合	*クルト・ワルトハイム	事務総長
ヴェネズエラ	カルロス・アンドレス・ペレス	大統領
ポルトガル	マリア・デローデス・ピンタシルゴ	首相
ユーゴスラビア	ミティア・リビチッチ	首相
コロンビア	*ミサエル・パストラナ・ボレロ	大統領
スウェーデン	オーラ・ウルステン	首相
ナイジェリア	*オルセグン・オバサンジョ	国家元首
チュニジア	ヘディ・ヌイラー	首相
ルーマニア	*マネア・マネスク	首相
レバノン	セリム・ホス	首相
スイス	クルト・ファーグラー	大統領
ハンガリー	イエネ・フォック	首相

ザンビア	マインザ・チョナ	首相
オーストラリア	マルコム・フレーザー	首相
ジャマイカ	マイケル・マンレー	首相
国連開発計画	＊ブラッドフォード・モース	事務総長

（順不同。＊印は執行委員）

三日間にわたった総会は最終日の十一月十八日に「平和と軍縮の促進」などを内容とするステートメントを発表して閉幕した。なお、ヘルムート・シュミット西ドイツ首相は、西ドイツ国内の政治事情のためこの第一回総会には出席できなかったが、私にすべてを託してくれた。（この第一回総会における私のスピーチは〈資料4〉参照。）

OBサミットの第二回総会は一九八四（昭和五十九）年五月二十四日から三日間、ユーゴスラビアのブリオニ島で開かれ、米ソ首脳会談の早期開催、軍事費削減への道、「シュミット委員会」がまとめた世界経済活性化の処方箋、国際通貨改革などについて、これまた活発な意見交換を行った。

以後、ＯＢサミットは次のように世界各地で毎年一回、総会を開いてきた。

ＯＢサミット総会

第一回総会　一九八三年十一月十六日から十八日までオーストリアのウィーンで開催。
第二回総会　八四年五月二十四日から二十六日までユーゴスラビアのブリオニ島で開催。
第三回総会　八五年四月二十五日から二十七日までフランスのパリで開催。
第四回総会　八六年四月七日から十日まで東京と箱根で開催。
第五回総会　八七年四月十九日から二十一日までマレーシアのクアラルンプールで開催。
第六回総会　八八年五月十七日から十九日まで旧ソ連のモスクワで開催。
第七回総会　八九年五月二十五日から二十八日まで米国・ワシントンＤＣのウェストフィールドで開催。
第八回総会　九〇年五月二十三日から二十六日まで韓国のソウルで開催。
第九回総会　九一年五月三十日から六月二日までチェコスロバキア共和国のプラハで開催。
第十回総会　九二年五月二十八日から三十一日までメキシコのケレタロで開催。
第十一回総会　九三年五月十三日から十六日まで中国の上海で開催。
第十二回総会　九四年六月七日から九日まで、ドイツ連邦共和国のドレスデンで開催。

第十三回総会　九五年五月、東京で開催の予定。

私は、九三(平成五)年五月には中国の上海市で開催された第十一回OBサミットで幕開けの演説を行った。

「人類は、この地球に住み着いて以来、その存在に必要な資源、エネルギー、環境は無限であると思い、何の不安を覚えることもなく長い間過ごしてきました。しかし、経済発展がもたらした大量消費社会の出現は、人類にそのような認識が誤りであることを事実で示しています。私はそれを『資源環境有限時代の到来』と名付けております。しかも、急増する世界人口が、この問題への対応を複雑かつ困難にしていますが、この人口、地球環境、資源、エネルギーなどの地球人類的問題の解決なくしては人類の未来がないのです」。

演説はかなり長いものだったが、ヘルムート・シュミット前西ドイツ首相、朱鎔基・中国副首相、リー・クアンユー前シンガポール首相らは惜しみない拍手で賛意を表してくれた。

参加者たちは翌十四日から会場を新錦江飯店（Jin Jiang Tower Hotel）に移し、十六日まで三日間にわたって実に熱心に討議を交わした。その結果は、総会最終声明として発表された。

前書きに「冷戦の終焉は、政治的自由という形の配当はもたらしたが、新しい世界秩序も平和の配当ももたらさなかった」と記したこの最終声明は、中国、ソ連、アフリカ、世界貿易、環境と人口問題の五部二十五項目にまとめられた。

2　冷戦終結に大きく寄与

この十二年間を顧みると、私はＯＢサミットが実に大きな仕事をしてきたと思う。当初の緊急課題は、まず米ソ両国に首脳会談の開催を求めることであった。ＯＢサミットでは当面する世界の危機について活発な意見を交わしてきたが、米ソ両超大国の首脳が一九七八年以降一度も会談することなく、ひたすら相互誹謗《ひぼう》と軍拡に狂奔していることに深い憂慮の念が表明された。

そして、八四年の第二回会合では、米ソ両国首脳が速やかに会談を行うべしとの決議を採択し、両国首脳に申し入れた。

七五(昭和五十)年にベトナム戦争が終わったわけだが、そのベトナム戦争十年間に米ソの軍事力には大きな変化が生じた。アメリカはベトナム戦争の泥沼にはまり込み、国内に厭戦気分さえ漂い始めて軍備の拡充どころではなかった。

一方、ソ連はベトナム戦争直前にニキタ・フルシチョフ首相がキューバでミサイル基地の建設に着手したところ、当時は軍事力で圧倒的優位を誇っていたアメリカのジョン・F・ケネディ大統領の断固たる決意の前に、やむなく撤退せざるを得ないという事態になった。ソ連にとっては「キューバを忘れるな」と、懸命な十年間だったわけだ。ちょうど七五(昭和五十)年ごろから米ソの軍事力が拮抗《きっこう》するようになった。以後はお互いに軍拡競争、特に核軍拡に重点が置かれ、両陣営における核兵器の備蓄量は広島のあの一発の百万倍にも達するほどだった。

国連をはじめとする多くの機関が核軍縮の努力をしているにもかかわらず、一向に進展しないのは米ソ両首脳の話し合いと信頼関係の欠如からであり、そこに国際政治の空白が生じることになる。

空白を埋めるためには、米ソ両首脳に会談開催を積極的に働き掛けるしかない。幸いOBサミットには東側に属するユーゴスラビア、ルーマニア、ハンガリーの代表がおり、この人たちはモスクワに対しても隔意なく、しかも直接ものが言える。これらの人たちの署名した決議案というものは、ソビエトの首脳にもかなりの影響力を持つ。

私は、ソ連という国は長い間「軍拡、軍拡」で国民生活が圧迫され、疲れてきたから、だれが指導者になろうとも、もうこの要請は拒めないだろうと思っていた。果たせるかな、一九八五(昭和六十)年三月にミハイル・ゴルバチョフという国際的に見ても非常に優れた書記長が誕生した。ゴルバチョフ書記長は「確かに、いままで会談していないというのはおかしい」と、OBサミットの決議に飛び付いた。

一方、アメリカのレーガン大統領も「強いアメリカ」を標榜してはみたものの〝双子の赤字〟に悩まされていたし、首脳会談の開催に「ノー」というはずはない。まさに、機は熟したの感があった。レーガン大統領も「会談をしなければならない」という返事をする。

ゴルバチョフ書記長が登場した八五年の十一月になって、実に七年ぶりにジュネーブで米ソ首脳会談が開かれた。OBサミットの決議が大きくものを言ったといってよい。

米ソ首脳会談が開催される直前に、OBサミットの執行委員会がドイツのハンブルクで開催されていた。われわれは、その場からすでにジュネーブに到着していた米ソ両首脳に、

一、会談はこの一回限りにすることなく、例えば毎年一回開くように制度化する必要がある。

二、その場で、軍拡に対する反省のスタートも切ってもらいたい。

というメッセージを送った。

以来、米ソ首脳会談は毎年一回は開かれるようになった。

核兵器には短距離、中距離、それに長距離の大陸間弾道弾と三種類のものがある。このうち中距離核兵器については、八五年の首脳会談の十年ほど前からジュネーブで軍縮交渉が続けられていったのだが、アメリカはトータルオプション、つまり全廃を主張していた。これに対し、ソ連は中国、日本を念頭に置いてのことであろうか、例外を認めろと主張して譲らなかった。

OBサミットでも八五年四月の第三回総会でこの問題を取り上げて議論したが、東欧三カ国の代表を含めトータルオプション支持だった。われわれは早速、この結論に基づいてまとめた決議を米ソ両首脳に提示した。そして、両首脳もこれを契機に中距離核兵器全廃に合意した。問題決着とともに、核軍縮への突破口が開かれたのである。

七年ぶりに開催された米ソ首脳会談は、このほかにも測り知れない大きな影響を全世界に与えた。アフガニスタンからのソ連軍撤退、イラン・イラク戦争の終結、カンボジアからのベトナム軍撤退、さらにゴルバチョフ大統領の中国訪問―中ソ友好条約締結で中ソ国境七千キロにわたって展開していた両国軍隊の引き揚げ問題が一気に解決した。世界は「対立から対話へ」と流れが大きく変わった。八九(平成元)年には東西対立の象徴ともいうべきベルリンの壁が崩壊し、さらに追い打ちをかけるようにソ連邦が雲散霧消という事態にまでなった。

こうした地球規模の重大な問題にOBサミットが深くかかわりを持ち、かつ解決に貢献したということを、私はいま誇りをもって回顧したい。

3　資源有限時代への対応

あと六年たつと、二十一世紀である。今は二十世紀と二十一世紀との節目にいるわけだが、私はこの節目が人類始まって以来の変わり目になるだろう、と考えている。

二十世紀は大変な変化のある世紀だった。新エネルギーの開発、科学技術の発展と相まって、物質文化、つまり人間の物質的側面において大変革が起こった。これは特に経済発展において顕著で、GNP（国民総生産）でいうと実に十五倍の大発展を遂げた。人類始まって以来の経済繁栄である。

人々の暮らしも革命的に改善され、地球上挙げての大量消費社会が出現した。しかし、物質文化が目覚ましく発展した結果、「作りましょう、使いましょう、捨てましょう」、これが当然の世の中になってしまったわけだ。地球上に存在するありとあらゆるものを使い荒らし、捨て散らすことに何の不安も感じず、それが当たり前だという気持ちでわれわれは今日に至った。

いまやその「栄光の二十世紀」が終わり、新しい世紀が始まろうとしている。私は二十一世紀について、ものすごく悲観的に考えている。

経済発展、生活の改善とは裏腹に、地球上のありとあらゆるものを荒らしまくったツケを払わなくてはならない段階がやってくる。資源、エネルギー、生活環境はことごとく悪化していき、このままで推移すると人類の生存すら危ぶまれる事態にならないとも限らないからである。つまりわれわれはこれから先、人類の存亡をかけて二十一世紀を考えなければならないのだ。

私はこうした世の中を「資源有限時代の到来」と名付け、一九七四(昭和四十九)年の経済企画庁長官の経済演説でも、七七(昭和五十二)年の第八十回国会における内閣総理大臣の施政方針演説でも、指摘してきた(巻末〈資料1〉参照)。

当時はまだ「高度成長」「列島改造」の全盛期であり、安定成長論者の私の意見は少数派であった。しかし、ここにきてようやく「二十世紀の危険な兆候」が理解されてきた。

その最も危険な要因が世界人口の問題である。世界の人口はイエス・キリストのころには二億人だったといわれるが、今世紀初めには十六億人になった。つまり二千年ほどで八倍に増えた計算になる。

ところが、今世紀だけで実に四倍もの速度で増えている。今日が五十六億人で、今世紀末には六十三億ないし六十四億人に増加する見通しだ。大まかにいって、毎年平均一億人ずつ増加している。

こうした流れでいけば、二〇二〇年には八十億、二〇五〇年に百億人を超えることは必至だ。しかも、増加分の九五％は発展途上国である。

人口問題の延長線上には食糧問題という難題もある。仮に人類が二十世紀と同じように大量消費を続けていった場合、一体だれがどうやってその人口を支えていくのだろうか。

人類はこの地球に住みついて以来、これらの問題について何一つ不安を感じることもなく今日に至ったが、実は深刻な事態に立ち臨んでいる。私は、時を移さずこうした諸問題への対応を考えねばならないし、また、それに成功しない限り人類に将来はない、と考えている。しかし、その対応はなかなか容易なことではない。

私はいま、冒頭に述べたＯＢサミットを通じ世界各国の大統領・首相経験者たちと共同で、この地球人類的な問題に取り組んでいる。こうした貢献こそが私に与えられたこれからの任務と考え、一層の使命感を持って努力する。

〈資料1〉
第八十回国会における福田首相の施政方針演説

（一九七七年一月三十一日）

内外情勢の大いなる変化の裡に第八十回国会が再開されるに当たり、新政府の施策に関する基本方針を申し述べ、国民の皆様のご理解を求め、特に、議員諸君のご協力を得たいと存じます。

私は、このたび内閣総理大臣の大任を拝受いたしまして、国政の重責を思い、決意を新たにして、国家と国民に対する使命を果たし、日本国の進路に誤りなきよう全力を傾注してまいりたいと存じます。

変化する時代

三年前、私は大蔵大臣として、この壇上から、わが国経済社会の舵取りを大きく、かつ、明確に転換すべきときにきていると申し上げました。

そして次の年、昭和五十年一月には、経済企画庁長官として、国も、企業も、家庭も、「高度成長の夢よ再び」という考え方から脱却し、経済社会についての考え方を根本から転換すべきときにきていると申し上げました。

そのときは、いわゆる石油危機を契機として、わが国経済が異常なインフレの火の手に包まれ、日本社会の大混乱という緊急事態でありました。

しかし、私がそう申し上げたのは、その緊急事態に対応するという、ただ単にそれだけの理由からではなかったのであります。

「資源有限時代」を迎え、一体わが国の将来はこのままでいいのだろうかと、心から憂えたからであります。

戦後三十年余り、世界は平和と科学技術に支えられて、めざましい経済の成長と繁栄を成し遂げました。その結果、「作りましょう、使いましょう、捨てましょう」のいわゆる大量消費社会が出現したのであります。

この間に、人類は貴重な資源を使い荒らし、遠くない将来に、一部の資源がこの地球上から無くなろうとしています。しかも、二十一世紀の初頭には、世界人口は現在の二倍に達すると予想され、更に更に膨大な資源が求められることは明らかであります。

これは大変なことです。人類始まって以来の変化の時代の到来です。

人類は、まさに「資源有限時代」の到来を意識せざるを得なくなったのであります。

このような大いなる変化の時代には、国々の姿勢にも変化が出てまいります。石油危機はその象徴的な出来事と理解すべきです。二百海里経済水域問題など海洋をめぐる複雑な動きも出てまいりました。

資源小国のわが日本国は、資源を世界中から順調に入手できなければ、一刻も生きていけない立場にあります。

もうこれからの日本社会には、従来のような高度成長は期待できないし、また、期待すべきでもないのです。しかし、成長はその高きを以て尊しといたしません。成長の質こそが大事であります。

要は、われわれが時代の認識に徹してその対応ができるか否かであり、その対応を誤ることがなければ、より静かで、より落ち着いた社会を実現することができると信じます。今日この時点でのわれわれの選択は、日本民族の将来にかかわる重大な意味をもっております。

「協調と連帯」の基本姿勢

ひるがえって人類の歴史をながめるとき、われわれは、物質文明の発達が無限の欲望をつくり出してきたという事実をみるのであります。しかし既に申し上げているように資源は有限であります。無限の欲望と有限の資源というこの相反する命題の解決こそ、現代のわれわれに問われている根源的な課題といわなければなりません。

このことは、物の面だけのことにとどまりません。人間の生き方、更には現代文明の在り方が問われるようになるということであります。

高度成長に慣れ親しみ、繁栄に酔って、「物さえあれば、金さえあれば、自分さえよければ」という風潮に支配される社会は、過去のものとしなければなりません。

人間はひとりで生きていくわけにはまいりません。一人一人の人間が、その生まれながらの才能を伸ばしに伸ばす、その伸ばした才能を互いに分かち合い、補い合う、その仕組みとしての社会と国家、その社会と国家が良くなるその中で、一人一人の人間は完成されていくのだと思います。

助け合い、補い合い、責任の分かち合い、すなわち「協調と連帯」こそは、これからの社会に求められる行動原理でなければならないと思います。

国際社会でも同じです。今日世界はますます相互依存の度を強めています。一国の力だけで生存することは不可能になっています。互いに譲り合い、補い合い、それを通じて各々の国がその国益を実現することを基本としなければなりません。

私は「資源有限時代」の認識にたち、「協調と連帯」の基本理念にたって、世界の中での「日本丸」の運営に当たり、その枠組みの中で、当面する問題の処理に当たってまいりたいと存じます。

経　済

今年は内外ともに経済の年であると考えます。

昨年の経済は全体としてみるときは、ほぼ順調な歩みだったと思います。しかしながら上半期の景気急上昇の後、夏以降そのテンポは緩み、業種、地域による格差や企業倒産多発等の現象がみられます。

このような状態が続きますと、雇用に不安を生じ、企業意欲を失わさせ、社会の活力を弱めることにもなりかねないことを考えるとき、景気回復への早期てこ入れを必要とするものと考えます。

こうした考えの下で、政府は景気対策の一環として昭和五十一年度補正予算を提出することにいたしました。

また、五十二年度予算においても、需要喚起の効果もあり、国民生活の充実向上と経済社会の基盤整備に役立つ公共事業等に重点をおくと同時に、雇用安定のための施策を充実することにいたしました。これにより五十二年度わが国経済には六・七パーセント前後の成長が期待されますが、この目標は先進工業国の中でも最も高い水準であり、国際社会におけるわが国経済への期待にも応えるものと考えます。

予算の編成に先立って、私は各党をはじめ各界の人々のご意見を承りました。独占禁止法改正案や大企業と中小企業との事業活動調整のための法案については、それらの経緯をふまえ、各方面と協議を進め、速やかに結論を得たいと思います。

更にまた、大幅減税を行うよう強く求められました。私も真剣に検討しました。しかし、資源の有限性とこれをめぐる国際環境を考えれば、これまでのような大幅な消費拡大よりもむしろ国民生活の質的向上へと考え方を切り替えるべきであり、この際は、中小所得者の負担軽減を中心とした減税を行うにとどめました。

景気問題と並んで私が重視しているのは、物価問題であります。物価は安定化の基調でありますが、その傾向を一層確実なものにするため、各般の施策を講ずることにより、消費者物価の年度中上昇率が七パーセント台になるよう最善を尽くす所存であります。

何よりも恐ろしいのはインフレであります。インフレは断じて起こしてはならないのであります。

国民経済、国民生活から考えて最も大事なことは、資源エネルギーの確保と科学技術の振興の問題であります。これらの問題は、資源小国であるわが国にとって、国の存立と発展にかかわるものであり、まさしく、安全保障的な重要性をもつものであります。政府は、原子力を含むエネルギーの安定供給確保、省エネルギー対策等総合的な資源エネルギー対策のほか、宇宙、海洋開発をはじめとする各分野の科学技術の振興対策を強力に推進してまいります。

特に国民の皆様の御理解と御協力を得たいと思います。

外　交

世界は、今二つの大きな変動の波に洗われております。一つは、先進工業国が軒並み苦しんでいる深刻な景気停滞であり、もう一つは、開発途上諸国の経済自立への苦悩であります。

この二つは分かち難く結びついております。いうまでもなく、今日の相互依存の世界では、南北間の調和的発展なくしては世界の政治的安定もなく、先進工業国の繁栄もあり得ません。他方、先進工業国の成長と安定なくしては、開発途上諸国が期待しているような民生の向上も発展も不可能であります。

このような状況の下において、日本外交が当面取り組むべき緊急課題として、私は、わが国、米国、西欧等の主要な先進工業国間の協力強化を挙げたいと思います。

今日の世界において、先進国自身の景気回復も、南北関係の改善も、一国の努力の範囲を越えた問題となっていることは明らかであり、事態解決の責任と能力を分かち合う主要な先進工業国間の協力なしには、前進を図り難いからであります。私が主要先進国の首脳会議の開催を主張しているのは、まさにそういった時代の要請に応えんがためであります。

開発途上諸国との経済協力の強化も新しい国際環境の中で、日本外交が真剣に取り組まなければならない主要な課題であります。

このため、政府開発援助の水準を主要先進国並みへ引き上げるよう努力するとともに、一次産品問題の解決等にも積極的に取り組みたいと考えます。

わが国の外交にとって、基本的な重要性をもつのは、戦後日本の繁栄と安全を支えてきた日米両国の友好協力関係であります。政治、経済、安全保障、いずれの面をとってみても、日米関係は、わが国にとって際立った重要性をもっております。

幸い日米両国は、過去の様々な不協和音の試練を乗り越え、かつてないほど安定した、いわば成熟したパートナーの関係にあります。このような関係の下で、日米両国が不断の協議によって意志疎通を図ることは、極めて重要であると考えます。

主要先進国の首脳会議に先立って、カーター米大統領と会談を行うことを私が重視しているのもそのためであります。今般カーター大統領に代わり、モンデール副大統領がわが国を訪問されておりますが、私自身、できるだけ早い時期に訪米し、変化する国際情勢に対処するお互いの新しい責任と相互信頼を確かめ合うつもりであります。

日米安全保障条約を引き続き堅持するとの政府の基本方針には、いささかの変更もありません。同時にわが国自身も、防衛力の基盤整備に努めなければならないことは当然のことであります。

東南アジア諸国の平和と繁栄は、同じアジアの友邦であるわが国にとって最も大きい関心事であります。このような見地から、ＡＳＥＡＮにみられるような自主的発展を目指す様々な努力に対し、人的交流、国づくりへの積極的寄与等を通じ、協力してまいる所存であります。

日中共同声明を基礎として着実に発展している中国との善隣関係を揺るぎないものにすることは、アジアにおける平和な国際環境をつくる上からも、特に大きな意味をもっております。日中平和友好条約に関しましては、できるだけ早期に締結を図ろうとする熱意において両国は一致しており、政府は双方にとって満足のいく形でその実現を目指し、一層の努力を払ってまいります。

日ソ両国の友好関係も、わが国の外交にとって極めて重要であります。日ソ両国の関係は、経済、貿易、文化、人的交流の面で順調な歩みをたどってまいりました。政府は、経済協力や文化交流などの分野で更に着実な前進を積み重ね、日ソ関係の強化発展に努めるとともに、北方領土の祖国復帰を実現して平和条約を締結するとのわが国の基本的立場を貫くために、一層の努力を傾ける所存であります。

朝鮮半島の情勢は、わが国を含む東アジアの平和と安定に深いかかわりをもっております。さしあたり、同地域の均衡状態を支えている国際的な枠組みを崩すことなしに南北間の緊張が緩和され、ひいては平和的な統一への途につながることを期待するものであります。

四面海に囲まれたわが国にとって、漁業資源や海底鉱物資源の開発利用の問題をめぐる最近の国際的動向は、極めて切実な関心事であります。

国連海洋法会議は、なお最終的な結論を出しておりませんが、経済水域を二百海里に広げる方向は、次第に動かないものとなりつつあります。政府はこの大勢を注視しながら、冷静に長期的国益をふまえ、国際協調の精神に沿って最善の解決を図る所存であります。

懸案の領海十二海里問題につきましては、新しい海洋秩序への国際社会全体の急速な歩みを考慮し、沿岸漁業者のかねてからの切実な要望に応えるため、所要の立法措置を講じます。

今日の国際社会の際立った特徴の一つは、紛争解決の手段として軍事力を使うことが、超大国を含め、すべての国々にとって許されないこととなってきたことであります。紛争を未然に防止すること、万一、不幸にして紛争が生じたときにも、できるだけその拡大を阻止することが、今日の外交の重要な任務となっております。このような見地から不断に発生する「小さな誤解」や「小さな摩擦」を賢明に処理すること、すなわちコミュニケーション・ギャップの解消が、外交活動の中で果たす役割は極めて大きいと考えられます。

今後とも一層多角的な国際交流を通じて相互理解を増進し、すすんで人類の連帯感を強化するための共通の努力を生み出すように努めてまいる考えであります。

農林漁業

「資源有限時代」を迎えて、不安定な世界の食糧需給、漁業専管水域二百海里時代の到来等の問題に直面し、食糧問題を見直す必要性を痛感しております。

このような基本的認識の下に、農林漁業者が誇りと働きがいをもって農林漁業にいそしめるよう、その体質の強化を進め、食糧自給力の向上を図ることを長期にわたる国政の基本方針として、生産基盤及び生活環境の整備、需要に即応した生産の増大、生産の担い手と後継者の確保等、農林水産施策の拡充に努める所存であります。

中小企業

中小企業は、農林漁業と並んでわが国経済の安定を支える柱であり、発展を図る活力の源であります。中小企業は、現在安定成長経済への移行の中で厳しい対応を迫られており、政府としては、各般の施策を通じてこの苦難を克服する中小企業の努力を助成することが必要であり、特に小規模企業に対し十分配慮してまいらなければならないと考えております。

労使関係

労使の理解と協調は、経済社会安定のかなめであります。

幸い、わが国の労使は、これまで一度ならず、経済危機に直面して、優れた適応力を発揮してまいりました。私はこのことを高く評価するものであります。今後とも労使が日本経済の現状をふまえ、「協調と連帯」の精神をもって徹底した話合いを行い、良識ある対処をされるよう強く期待いたします。

地方公共団体

福祉政策や公共事業等を進めていくに際して、国と地方公共団体とは車の両輪の関係にあります。

政府は地方公共団体の行財政が適切に運営されるように、明年度予算でその財源確保などの措置を採りました。

地方公共団体におかれては、新しい転換の時代に対応して、自主的な責任でその行財政を合理化し、効率的な運営をされるよう期待します。

なお、祖国復帰以来五年を迎える沖縄については、経済、社会の推移や民生安定の実態を見守りつつ、必要な諸施策を推進してまいります。

福祉

真の福祉社会は、「福祉の心」に裏打ちされてこそ成り立ちます。従来のように経済成長に多くを望むことが困難となった今日、真に社会の援助を必要とする恵まれない人々への心暖かい配慮は、格段の重要性をもってまいります。私は、社会連帯の考え方の下に、福祉対策を着実に前進させていきたいと考えます。

急速に進行する人口老齢化の趨勢に応じて老齢者に対する年金や医療を充実させ、心身障害者など社会的に恵まれない人々に対してもキメの細かい対策を講ずるとともに、家庭、地域社会、企業などとも力を合わせて、これらの人々の社会参加、社会復帰を促進し、その生きがいを高めるよう配慮してまいります。

住宅

高度成長の過程で相対的に立ち遅れている住宅環境の改善は、国民生活の基盤として、強く推し進めなければなりません。

住宅の量的拡大もさることながら、今後はその質的向上に目標をおき、住宅金融の充実、公的住宅の供給の確保などに努力し、また地価の安定、宅地供給の促進等対策に困難を伴うものについても、一層真剣に取り組んでいきたいと思います。

環境保全

公害や自然破壊等の環境問題は、高度成長に伴って急速に深刻化してまいりました。健全な産業活動なくして社会の安定はあり得ませんが、錯綜した様々な利害を冷静に調整し合うことで、多様な欲求の合理的接点は必ず得られるものと信じます。この見地にたって、公害防止の充実強化を図り、開発等に当たっては環境汚染の未然防止に努めるとともに、豊かな国土を保全するため、水資源のかん養、治水、防災などの対策を進め、快適な人間環境を確保してまいりたいと考えます。

婦人

わが国社会の進歩と発展のためには、あらゆる分野において、婦人が積極的に参加し、貢献することが必要であります。このため私は、国連の国際婦人年世界会議の決定にも留意して、国内行動計画を策定いたしました。

私は、国民各層の方々とともに、婦人の地位と福祉の向上に一層努力してまいる考えであります。

教育

およそ国を興し、国を担うものは人であります。民族の繁栄も衰退も、かかって人にあります。

資源小国のわが国が幾多の試練を乗り越えて、短期間のうちに今日の日本を築き得たのは、国民の教育水準と普及度の高さによるものであります。

人間こそはわが国の財産であり、教育は国政の基本であります。私は、教育を重視し、その基調を、個人の創意、自主性及び社会連帯感を大切にし、世界の平和と繁栄に貢献し得る、知、徳、体の均衡のとれた豊かな日本人の育成におきたいと思います。

このためには知識偏重の教育を改め、家庭、学校、社会のすべてを結ぶ総合的な教育の仕組みを創造していかなくてはなりません。

特に戦後の学校教育は、入試中心、就職中心の功利主義的な行き過ぎた傾向が目立っています。教育にとって一番大切な、自由な個性、高い知性、豊かな情操、思いやりの心などを育てることを忘れがちであります。

新しい時代の要請に応えて、学校教育をはつらつとした創造的な人間の育成の場とするよう、教育界に人材を集め、教育課程をゆとりあるものに変え、入試の改善を図るなど、教育改革のための着実な一歩を進めたいと考えます。

また、芸術、文化、スポーツなどを振興し、次代を担う青少年をはじめ国民の一人一人が、自主的な選択によって、生きがいのある充実した生活を創造し得るような環境づくりに努めてまいる所存であります。

結び

最後に、国の内外に迫る厳しい難局打開に当たって、私は皆様にお願いしたいことがあります。いやしくも、国政に参加するすべての政治家、中央・地方の公務員、公共の仕事に従事する人々は、この際、公私を峻別し、身辺を清潔にし、公けに奉仕する喜びと責任を再確認していただきたいということであります。私自身、これを自粛自戒の言葉といたす所存であります。

政治の頽廃は、社会、民族の没落につながります。

ロッキード事件の徹底的究明は必ず実行いたします。その結果は、国会に報告いたします。また、このような不祥事が再発しないよう、腐敗防止のために必要な措置を講じます。

国民の皆様も、この激動期を乗り切るために、いたずらな物欲と、自己本位の欲望に流されがちの世相から訣別し、世代を超え、立場を超え、助け合う人間的連帯の中から、この日本の国土の上に、世界中の国々から信頼と敬意をかち得るように、真に安定した文明社会をつくり上げていこうではありませんか。

「資源有限時代」の激しい嵐の中で、「日本丸」を安全に航海させ得るかどうかは、一にかかって国民一人一人の自覚と努力にあります。

日本民族が力を合わせ、手を取り合って進む限り、変動期の激流がいかに激しく、障害がいかに大きくとも、克服し得ないはずはありません。

お互いに勇気をもって「日本丸」の航路を切り開き、二十一世紀につらなる希望に満ちた社会の実現に向かって前進しようではありませんか。

重ねて国民の皆様の深甚なご理解と真剣なご協力をお願いいたします。

〈**資料2**〉
福田首相のマニラにおけるスピーチ(福田ドクトリン)

(一九七七年八月十八日　フィリピンのマニラホテルで)

マルコス大統領閣下、イメルダ・マルコス夫人、御列席の皆様、

クアラルンプールでの首脳会談出席に始まった私の東南アジア諸国訪問もいよいよその終りに近づきました。今、わが国と最も近い隣国である、ここフィリピンにおいて、アジアにおける最も傑出した指導者の一人であり、私の親しい友人であるマルコス大統領閣下の御出席を得て、今回の旅行をしめくくる意味で私の所信を表明する機会を得ましたことは、私の非常な喜びとするところであります。

私は、まず今回の歴訪を通じて得た私の率直な印象からお話を始めたいと存じます。

それは、この地域の「多様性」ということであります。私の歴訪した地域は、人種、言語、宗教、文化はもとより、その歴史的背景についても、また経済構造の面でも、まことに多様な様相を呈しております。東南アジアは、決して同質的、画一的な地域ではありません。従って、この地域における域内協力の可能性について一部に懐疑的な見方があったとしても無理からぬことであったかも知れません。

しかしながら、このたび創立十周年を迎えた東南アジア諸国連合(ASEAN)は、この地域の自主

的な地域協力機構として、着実に、その地歩を固めつつあります。とりわけ、バリ島における第一回首脳会議はＡＳＥＡＮの連帯への志向を前進させる点で画期的でありました。更に今回の首脳会議の成功によって、ＡＳＥＡＮ諸国間の連帯への意思は定着したと言えるかと思います。

ＡＳＥＡＮは、まさに、その加盟各国の豊かな多様性を肯定し、その誇り高いナショナリズムを尊重しつつ、連帯の強化を通じて、この地域の一体性を求めようとする歴史的な、そして成功しつつある試みであります。私は、クアラルンプールで会談した加盟国首脳のＡＳＥＡＮの連帯に寄せられる情熱をこのような創造的な努力の現われとして理解し、評価したのであります。

ＡＳＥＡＮという協力の場における共同作業を通じて共通の利益が生れ、それによって強められた連帯が、次の協力のための計画を可能にする――この繰返しが、ＡＳＥＡＮの将来の歩みであろうと思います。その連帯への歩みは、より同質性の高い地域、例えば欧州と比較するとき、時には遅く、時には多くの逡巡を伴うこととなるかも知れません。

私は、ここで、ＡＳＥＡＮ諸国の指導者と国民の皆様に一つのお約束を致します。それは、日本の政府と国民は、ＡＳＥＡＮの連帯と強靱性《きょうじんせい》強化への努力に対し決して懐疑的な傍観者とはならず、ＡＳＥＡＮとともに歩む「良き協力者」であり続けるであろうということであります。

ＡＳＥＡＮ諸国の政府首脳は、今般の会談において、日本をＡＳＥＡＮの「とくに親しい友人」であると呼ばれました。順境においてのみならず、逆境においても、理解と友情の手を差し伸べるのが、真の友人であります。日本は、ＡＳＥＡＮにとって、そのような友人でありたいと望みます。

御列席の皆様、

ここで、私は、今日の日本が、就中《なかんずく》アジアにおいて、どのような姿勢で、他の国々との関係を築こうとしているかについて一言申し述べ、皆様の御理解を得たいと考えます。

第二次大戦後三十年の間、日本国民は、自由と民主主義に立脚した社会の建設のために努力を重ねて参りました。この間に、我が国は、この開かれた社会体制の下で一億一千万人の国民と五千億ドルを超える国民総生産を擁するまでに成長し、世界経済の成長と発展に積極的に協力する意思と能力を併せもつに至ったのであります。

過去の歴史をみれば、経済的な大国は、常に同時に軍事的な大国でもありました。しかし、我が国は、諸国民の公正と信義に信頼しその安全と生存を保持しようという歴史上かつて例をみない理想を掲げ、軍事大国への道は選ばないことを決意いたしました。そして、核兵器をつくる経済的、技術的能力を持ちながらも、かかる兵器を持つことをあえて拒否しているのであります。

これは、史上類を見ない実験への挑戦であります。同時に人口稠密で資源に乏しく、海外諸国との交流と協調を必要とする我が国にとってはこれ以外の選択はありえないのであります。私は、このような日本の選択こそはアジアの地域、ひいては世界全体の基本的な利益にも資するものであると信じます。我が国が、近隣のいずれの国に対しても軍事的にはもちろんのこと、その他いかなる形であれ、他国を脅かすような存在ではなく、その持てる力を専ら国の内外における平和的な建設と繁栄のために向けようと志す国柄であること――われわれは、このような日本の在り方こそが世界における安定勢力として世界の平和、安定及び発展に貢献しうる道であると確信いたします。

私が常々申しているとおり、今日、人々は協調と連帯以外に生きる道のない時代に生きております。人間は一人で生きていくわけにはまいりません。一人一人の人間が、生まれながらのそれぞれの才能を伸ばし、その伸ばした才能を互いに分かち合い、補い合う、その仕組みとしての社会があります。そして社会がよくなるその中で、一人一人の人間は完成されていくのであります。

まったく同じように相互依存の度をますます強めている今日の国際社会においても、いずれの国も一国の力だけで生存することは、もはや、不可能になっております。すべての国は、国際社会の中で、互いに助け合い、補い合い、責任を分かち合い、世界全体がよくなるその中で自国の繁栄をはからなければなりません。

このことは日本と東南アジア諸国との関係を考える場合に特に重要であります。

日本と東南アジア諸国との関係は、単に、物質的な相互利益に基づくものにとどまってはなりません。同じアジアの一員としてお互いに助けあい、補いあうことを心から望む気持があってはじめて物質的・経済的な関係も生きて来るものと考えます。これこそ、日本と東南アジアの人々が、頭だけではなく、心をもって理解し合うことの必要性、すなわち、「心と心のふれ合い」の必要を、私が、今回の歴訪を通じ、繰返し訴えて来た所以《ゆえん》であります。同じアジア人である皆様には、私の意味するところはよくお判りいただけることと信じます。物質的充足のみでは慊《あき》たらず、精神的な豊かさを求めるのは、アジアの伝統であり、アジア人の心だからであります。

東南アジア諸国民の一人一人と日本国民の一人一人との間に心と心の触れ合う相互理解を育てて行くために、文化交流が果す重要な役割りは、あらためて多言を要しません。

今日我が国と東南アジアとの間には科学、芸術、スポーツ等の分野での交流が活発に行われており、それは単に、我が国文化の東南アジアへの紹介にとどまらず、東南アジアの古い優れた文化の日本への紹介にも及んでいます。

今後とも我が国とASEAN諸国との間に、このような一方通行でない文化交流をさらに積極的に推進していくべきことはもちろんでありますが、同時に、ASEAN諸国間の連帯感が高まるにつれ、域内での文化、学術、とくに地域研究等の分野での交流がますます重視されていることに注目したいと思います。私は、このような見地から、ASEAN側において域内交流促進のための具体的構想が固められるのを受けて、これにできる限りの協力を惜しまない旨を明らかにいたしました。この提案は、ASEAN諸国間の相互理解の増進というASEAN諸国民の願望に対する日本国民の共感を示すものにほかなりません。

幸いにして、ASEAN加盟国首脳と私との会談において、各首脳は、この私の提案に賛意を表されましたので、それは遠からず実現の運びになるものと考えます。

さらに私が、ASEAN工業プロジェクトに対する十億ドルの協力に積極的姿勢を示したのも、地域連帯の強化を熱望するASEAN諸国民の心に「心と心のふれあう」理解をもって応《こた》えることが重要であると考えたからであります。日本による協力が域内分業の試みとして歴史的な意義を有するこの計画の実現を促進し、ＡＳＥＡＮにおける種々の域内協力が今後一層強化発展して行く契機となることを期待します。

我が国は、既に今後五年間のうちに、政府開発援助を倍増以上に伸ばす方針を打出しております。この援助の重要な部分は、東南アジアの工業化計画を促進するための工業プロジェクトや基盤整備に引き続き供与されることとなりましょうが、日本政府としては、これに加え、農業、医療、教育等人々の福祉に密着した分野における協力に一層力を入れて行きたいと考えます。

我が国の政府開発援助の半ばが、ＡＳＥＡＮ諸国及びビルマに向けられていることにも見られるとおり、日本とこれらの諸国の間には、すでに密接な経済上の関係が存在しています。私は、クアラルンプールでの首脳会談と各国の首都における指導者との会談の結果を受けて、この関係をさらに拡大強化する方策について協議して行きたいと存じます。もとより我が国は、世界的な工業国として、貿易の面でも世界経済全体に対し格別の責任を有しております。世界が排他的経済ブロックに分裂することは全世界にとって自殺行為であります。とくに、今後広く世界の市場へ進出しようというＡＳＥＡＮ諸国の利益にも反するものと考えます。我が国とＡＳＥＡＮ諸国とが特別に密接な経済貿易関係を発展させようとするに際しては、私どもは、世界的、長期的な視野に立って、われわれの相互の立場と利益とを理解し合うことが、永続的な協力関係を作って行くために肝要であると考えるものであります。

最後に、ＡＳＥＡＮ地域の安定と繁栄は東南アジア全体の平和の中においてはじめて確保されるものであることは申すまでもありません。東南アジアの一角に多年に亘って燃え続けた戦火がようやく終息した今日、われわれは、東南アジア全域の恒久的な平和と安定のための努力を強化する好機を迎えております。このような観点から、私は、先般のASEAN首脳会議の共同声明において、ASEAN諸国が、インドシナ諸国と平和で互恵的な関係を発展させたいとの願望を表明し、「これら諸国との理解と協力の領域を互恵を基礎として拡大するための一層の努力をする」との方針を打ち出されたことに敬意を表するものであります。このような忍耐強い努力を通じて、相互理解と協力の輪がやがては、東南アジア全域に拡がって行くことを期待いたしたいと考えます。我が国としても、同様の目的をもってインドシナ諸国との間に相互理解の関係を定着させるため努力したいと考えます。

御列席の皆様、

私は、今回のASEAN諸国及びビルマの政府首脳との実り多い会談において、以上のような東南アジアに対する我が国の姿勢を明らかにして参りました。この我が国の姿勢が、各国首脳の十分な理解と賛同をえたことは、今回の歴訪の大きな収穫でありました。その要点は、次のとおりであります。

第一に、我が国は、平和に徹し軍事大国にはならないことを決意しており、そのような立場から、東南アジアひいては世界の平和と繁栄に貢献する。

第二に、我が国は、東南アジアの国々との間に、政治、経済のみならず社会、文化等、広範な分野において、真の友人として心と心のふれあう相互信頼関係を築きあげる。

第三に、我が国は、「対等な協力者」の立場に立って、ASEAN及びその加盟国の連帯と強靱性強化の自主的努力に対し、志を同じくする他の域外諸国とともに積極的に協力し、また、インドシナ諸国との間には相互理解に基づく関係の達成をはかり、もって東南アジア全域にわたる平和と繁栄の構築に寄与する。

私は、今後以上の三項目を、東南アジアに対する我が国の政策の柱に据え、これを力強く実行してゆく所存であります。そして、東南アジア全域に相互理解と信頼に基づく新しい協力の枠組が定着するよう努め、この地域の諸国とともに平和と繁栄を頒《わか》ち合いながら、相携えて、世界人類の幸福に貢献して行きたいと念願するものであります。

マルコス大統領閣下並びにフィリピン国民の皆様、

昨日マニラ到着のすぐ後に、私は、フィリピン独立の志士リサール博士の記念碑に献花いたしました。東南アジアにおける植民地支配に対抗して最初に独立運動の火の手を挙げたのは、フィリピン国民でありました。今日国際関係に新しい局面が開かれつつあるとき、ASEANの下での協力の進展、南北問題解決のための国際的な努力などの面で、フィリピンが貴大統領の御指導の下に積極的なイニシアチブをとっておられることも、けだし、当然であります。

私は、日本と東南アジア諸国との間に、心と心の触れ合う相互信頼関係を打ち立て、われわれの関係の歴史に新たな一頁を開こうとするときにあたり、とくに貴大統領並びにフィリピン国民の主導的な役割りに期待して、私のお話を終りたいと存じます。

有難うございました。サラマ・ポ。

〈**資料3**〉

日本国と中華人民共和国との間の平和友好条約（本文のみ）

第一条

1　両締約国は、主権及び領土保全の相互尊重、相互不可侵、内政に対する相互不干渉、平等及び互恵並びに平和共存の諸原則の基礎の上に、両国間の恒久的な平和友好関係を発展させるものとする。

2　両締約国は、前記の諸原則及び国際連合憲章の原則に基づき、相互の関係において、すべての紛争を平和的手段により解決し及び武力又は武力による威嚇に訴えないことを確認する。

第二条

両締約国は、そのいずれも、アジア・太平洋地域においても又は他のいずれの地域においても覇権を求めるべきでなく、また、このような覇権を確立しようとする他のいかなる国又は国の集団による試みにも反対することを表明する。

第三条

両締約国は、善隣友好の精神に基づき、かつ、平等及び互恵並びに内政に対する相互不干渉の原則に従い、両国間の経済関係及び文化関係の一層の発展並びに両国民の交流の促進のために努力する。

第四条

この条約は、第三国との関係に関する各締約国の立場に影響を及ぼすものではない。

第五条

1 この条約は、批准されるものとし、東京で行われる批准書の交換の日に効力を生ずる。この条約は、十年間効力を有するものとし、その後は、2の規定に定めるところによって終了するまで効力を存続する。

2 いずれの一方の締約国も、一年前に他方の締約国に対して文書による予告を与えることにより、最初の十年の期間の満了の際又はその後いつでもこの条約を終了させることができる。

以上の証拠として、各全権委員は、この条約に署名調印した。

千九百七十八年八月十二日に北京で、ひとしく正文である日本語及び中国語により本書二通を作成した。

日本国のために　園田直

中華人民共和国のために　黄　華

〈資料4〉
OBサミット第一回総会招集者（福田赳夫）挨拶

（一九八三年十一月十六日　ウィーンのホーフブルク宮殿で）

本日、Inter-Action Council of Former Heads of States and Governments（OBサミット）の第一回総会が開催されるにあたり、コンビーナー（招集者）としてご挨拶申し上げる機会を得ましたことは、私の最も光栄とするところであります。

今日、ここにご参会の皆様におかれましては、それぞれの国で、国政の最高の責任を担って来られた方々であり、今日に於ても、国の内外を問わず、大変ご多用の折にも拘《かか》わりませず、遥々、ウィーンの地にご光臨賜りましたことに対し、茲《ここ》に衷心《ちゅうしん》より敬意と謝意を申し上げます。

なお、この会議の当地開催を快くお引き受け下され、かつ、何かとご便宜を与えていただいたことに対し、キルヒシュレーガー大統領閣下、並びに、シノバック総理大臣閣下をはじめ、オーストリア政府関係各位に対し、深甚なる敬意と謝意を申し上げます。

また、第一回のこの会議開催までの間、本年三月、当ウィーンでの設立委員会や、その後四回に亘って開催された執行委員会を通じ、終始情熱を傾け、会議の構成・推進を図って下さった前国連事務総長ワルトハイム博士、コロンビアのパストラナ・ボレロ元大統領、UNDPのブラッドフォード・

モース事務局長、並びに、そのスタッフの方々に対し、深い感謝の意を表したいと思います。

私は、世界平和が、今、戦後最大の危機に当面していると考えております。この危機への対処を誤ると、世界的、地球的悲劇も起りかねないと心配しています。

今、世界平和は二つの側面から脅かされていると思います。一つは経済的側面からであり、もう一つは政治的、軍事的側面からであります。

さて、今日、世界経済情勢を大観しますと、一般に生産活動は縮小し、投資は停滞し、金利は高水準で且つ不安定であり、為替変動幅は大きく、また、保護貿易主義の傾向もあり、貿易は阻害され、ここ三年間、世界貿易量は下降し続けています。かくて世界のほとんど凡《すべ》ての国が不況に陥り、失業に悩んでいます。OPEC諸国もコメコン諸国もその例外ではありません。

正に世界同時不況と申すべきでしょう。その中で、南の国々の困窮がその極に達しようとしていることは、特に留意しなければならないところであります。

この世界同時不況は、われわれが経験する二度目のものであります。最初のものは、五十年前、即ち一九三〇年代の不況であります。一九三〇年代同時不況は、遂に、第二次世界大戦に発展したことはご承知の通りであります。

今回の不況も、さらにこれが長びくと、その中からどのような不幸な事態がとび出すか、誠に不気味なものがあります。

長期に亘る経済不安は平和の敵であります。それはやがて社会不安を招き、遂には政治的悲劇につながって行くことは必至と思います。

世界平和は、このように経済的に危機に立ち臨んでいますが、他方、その政治的、軍事的側面はより深刻であります。

戦後三十八年間、世界政治は東西対立という枠組みで動いて今日に至りました。その中で、時には東西緊張の時期もあり、緩和、雪どけの時期もありましたが、不幸にして一九七〇年代の中頃から、東西は危機を孕《はら》んだ緊張激化の時代に入っております。アフリカの各地、中東各地、カンボジア、中米での幾多の事件は、東西緊張の吹出物とも申すべきものであります。極く最近の韓国旅客機撃墜事件、ラングーンに於ける韓国要人爆破事件、イラン・イラク戦争、レバノンやカリブ海の動き――どの一つをとっても、サラエボの一発以上のものであり、戦慄《せんりつ》を覚えずにはいられません。

東西関係の中で特に注目すべきことは、軍拡競争であり、それに伴う両陣営の軍事費の膨脹です。今、東西の軍事費は急増しております。この急増は各国の財政赤字の主要因ともなって、世界経済活性化を阻んでいますが、それはそれとして、この軍事費急増の勢いは、放置したら悪循環をくり返しながら際限なく続くでしょう。その落ち行く先は何処でしょう。核は、広島に投下されたそれの百万倍ものものが備蓄されるに至っております。そして、その核が使用されないという保障はどこにもないのです。恐ろしいことです。

以上、私は今日の世界情勢について、私の見解を簡単に申し上げましたが、このような経済面や政治面の不安が相絡み相もつれ合うとき、不測の事態がさらに不測の事態を招き、地球的、人類的不幸に発展する惧《おそ》れなしとせず、このことが、当面の世界情勢について、私の最も懸念するところであります。

私は、世界政治の最大の課題は、世界を覆う政治的、経済的不安を克服し、世界平和を護り抜くこと、この一点にあると思います。

われわれは当面の事態を乗り越えなければなりません。しかし、われわれが今日のこの事態を乗り越えたとしても、さらにわれわれの将来が長きに亘って、平和で、かつ、豊かであるという保障はどこにもないのです。われわれは当面の事態を乗り越えるとともに、迫り来る二十一世紀への布石を、今日速かに進める必要があります。その布石としては多くの重要な問題がありますが、その最も象徴的な課題は「人口と開発」の問題であることをここに改めて指摘しておきたいと思います。

以上申し述べたような、困難な情勢を前にして、現に政権を担当している指導者達が、各々、それぞれの立場に立って世界平和のために努力していることは勿論のことと思います。しかしながら、この重大な時機に当り、かつてそれぞれの国の最高指導者として、内外の政治運営に当られ、幅広い経験と見識を積まれた方々が、高度の英知と経験をもち寄って協議することは、世界人類のため、大きな貢献となると信じております。以上が今回この会議が開催されるに至った所以であります。

今回のような広般な会議は史上はじめての試みであります。この会議に対し、世界の多くの人々が大きな関心と期待を寄せています。われわれはその関心と期待に応えなければなりません。

より平和で、より豊かな世界のため、実り多い成果を挙げようではありませんか。

あとがき

私は、これまでの人生九十年を通じて、各界の実に多くの人たちと知り合うことができた。親しい友人、知己は日本国内だけにとどまらず、洋の東西に及んでいる。このことは私が思想を形成する上で非常に役立ったし、私にとって大きな幸せであったと思う。この回顧録は、私が政治家になってから折々に記録してきた、小ノート「福田赳夫メモ」に沿ってまとめたものである。

執筆に当っては、柳川卓也君をはじめ大日向一郎、楠田實、西村恭輔の諸君が労苦をいとわず協力してくれた。私の次男、故横手征夫が病床にまでワープロを持ち込んで手伝ってくれたことも忘れられない。

また出版に当たっては、岩波書店の安江良介社長に大変お世話になった。心から謝意を表する。

一九九五(平成七)年三月

福田赳夫

付記　文中各所に掲載した写真には、各新聞社、通信社、首相官邸写真室などから提供を受けたものが数多くある。関係者の皆さんに、深く感謝する。

■岩波オンデマンドブックス■

回顧九十年

1995年 3月14日　第1刷発行
1995年 7月15日　第6刷発行
2014年12月10日　オンデマンド版発行

著　者　福田赳夫《ふくだたけお》

発行者　岡本　厚

発行所　株式会社 岩波書店
〒101-8002 東京都千代田区一ツ橋2-5-5
電話案内 03-5210-4000
http://www.iwanami.co.jp/

印刷／製本・法令印刷

ISBN 978-4-00-730157-5　　Printed in Japan